少しの工夫でおいしい毎日

エコな生活

マキ 著

Maki's Eco-Friendly Lifestyle:
Learning from the Wisdom of the Showa Era

「オートマチック」や「ケミカル」より
「手作り」や「自然」という響きが好きな方、
過剰なほどの消費社会に振り回されて、
ちょっぴり疲れ気味の方、

この本が、
『自分の手を動かして暮らしをつくる』ことの
楽しさを知るきっかけになれば幸せです。

はじめに

きなこは大豆からできていることを知っていますか？
ツナはマグロからできていることを知っていますか？
たぶんこの本をお読みの皆さんは知っていると思います。
では子どもたちはどうでしょう？
きなこはベージュの粉で、ツナは缶詰に入っているもの。
そんな子どもたちが多いのではないでしょうか。

ごはんを子どもたちに食べさせるのはママの大切な役目だと思います。
でもその前にある、素材の持っている魅力を伝えていくのも
ママの大切な役目だと思うのです。

子どもとの会話の中で、きなこって何でできてるか知ってる？
大豆なんだよ～納豆とおんなじ。すごいよね～えへへ～っていいながら、
目の前で作って見せて、ぺろって味見して、甘～い！って感動して
笑顔になるのが、幸せなんじゃないかと思っています。

作る過程を見るチャンスを逃した子どもたちの目はキラキラ輝かないし、
「買ってきて終わり」だとこんな微笑ましい幸せが逃げてしまう気がします。
そして完全な消費者になると、バターがお1人様1個までと制限されたら
焦ってカゴに入れてしまうかもしれないけど、

バターの作り方を知っていれば陳列棚を素通りできます。
毎回手作りはムリでも作り方を知っておく、
ということがとても大切だと思うのです。

お金を出せばなんでも買える時代だけど、逆に売っているもののほとんどが
自分で作れることも確かなのです。そして、自分で作った方がずっとおいしい!
材料が明確で安心できるという発見はとてもうれしいし、大切だと思っています。

例えば、疲れたなぁと思ってコンビニでエナジードリンクを買うとします。
それを「ちょっとちょうだい」といってきた子どもたちに飲ませることができますか?
でも同じような効果がある梅ジュースや酵素シロップ割りなら
安心してあげることができるのではないでしょうか。

便利な世の中なのだけど、なるべく自分の手を使いながら、
昔のよいところを取り入れてみたら、暮らしの満足度はぐんと上がりました。
完成品を買い集めることに喜びを感じるのではなく、
自分の手を少しだけ加えることの楽しさを知ってもらいたい。
この本を通して、作ってみようとワクワクする気持ちが芽生え、
それによって皆さんの家族の笑顔が増えたらうれしく思います。

売っているもののほとんどは自分で作れる

ドレッシング、塩辛、ポン酢、ふりかけ……。今あげたものは、私が手作りしているものです。どれもお店で買うもの、と思っている方も多いかもしれません。でもすべて自宅で、しかも簡単に作れるものばかりなのです。

「自分で作れる」ということを知ってからは、日常の中に「ゆとり」が生まれました。「まだあると思ったら、もう切れてた！」と買い忘れに気づいて慌てたり、「安いときに買いだめしな

くちゃ」とチラシをチェックしながらそわそわしたり。エコな生活を心がけるようになってから、手に入らないことへのストレスがなくなりました。

「バターが売ってないなら作ればいい。自分で作った方が安くておいしい」。そんな「買う」のではなく「作る」思考に変わり、市販品に依存しなくなった今、何事にも動じなくなりました。

食品に限ってではありません。日用品であっても自分で作りだすことが可能です。化粧水を柚子の種と焼酎で作る。ティッシュの代わりに着古したTシャツでウエスを作る。工夫と知恵があれば、ある程度想定外のことが起きてもパニックにはなりません。

昔は、今のようにお金を出せばすぐ買えるような環境ではありませんでした。古き良き日本で実践されていた、昭和の知恵を、私はなるべく手軽に現代風にアレンジして取り入れたいと思っています。だから、難しいことはしていません。きっと簡単でマネしやすいことばかり。自分で作ったものの安心感とおいしさを知り、身の回りの小さなところから手作りを楽しんでほしいなぁと思っています。

お金がかからず、
心にも財布にも
やさしい

私はものを買う側（消費者）から、ものを作る側（生産者）へと徐々に移行していきたいと思っています。将来は、母のように自分で選んだ種を畑にまいて家庭菜園をし、いろんなアレンジをしながら「食べること」を楽しむのが夢です。

数年前までの私はモノに囲まれた生活を送っていました。初めての子育てに追われ、買ってきたものを消費することで精一杯。この商品には一体どんな農薬が使われて、どんな工場で加工されて、どんな保存状態で運ばれてお店に並んでいるのかなんて考えたことがありませんでした。お店で売っている商品の価格は、そういういくつもの工程を経た上で決まります。当然、質のよいものは、高くなります。でもエコな生活をはじめてからは、自分の手で手間さえかければ、安くて質が良い

ものが作れるということに気づきました。そして素材にこだわれば、仕上がる料理の味も格別。生産者が丹精こめて作った「素材」を使うと、たとえ料理上手じゃなくても、最高においしい一品に仕上がるのです。

日用品も、同じ。布さえ買ってくれば自分のイメージしたモノを作れる。作ってみようという気持ちと、作り方を知っているかどうかで、暮らしの満足度はだいぶ違うと思うのです。

私がエコな生活で大切にしているライフスタイルは、「素材を上手にデザインする」こと。素材選びにはこだわるけど、買うものは必要最低限。だからその分素材にお金をかけることができる。そういうお金の使い方が、心豊かな生活へと導いてくれる気がします。

食卓に並ぶものは、なるべく手作りしたいと思っています。そんな考え方のきっかけを与えてくれたのは、長女が1歳のときから、そして次女もお世話になっている保育園。食育にとても力を入れていて、手作りのごはんと食事に近いおやつ、こだわった調味料と厚削りで取る鰹出汁など、日本の伝統的な食事を提供してくれる保育園でした。和食は日本人のカラダに合うように作られているという原点を教えてもらった気がします。

　そして和食を作る上で思い出したのは母のことでした。母は季節の食事を大切にして、なんでも手作りする人でした。今となっては私も〝手作りの食事〟を楽しめるようになりましたが、それは母の姿があったから。大根を干せば、切り干し大根が作れる。茹でた大豆をワラの中にいれて保温すれば、

手作りで おいしく安全

納豆ができる。自分で作ったことはなくても、その工程を知っていました。小さい頃からずっと母のこういう姿を見ていたので、「これはこういう原料でこうやって作られる」と、〃ものができるまで〃の工程が、しっかりと私の頭に刻みこまれていたのです。

実家から送られてくる野菜や果物、それ以外でも安全な国産の食材を使って、自分で手作りする。そんな自然に近づいた生活へシフトして、3年が経ちました。今でも母は私の先生。いくらがんばっても母が作るもののほうがおいしい。いつまでも届かない存在なのです。「売っている物は何が入っているかわからない。自分で作れば安心して食べられる」という母の言葉を、この本を読んでくださっている皆さんにも、伝えたいと思っています。

自然にやさしく
心もすっきり

　私が生まれた昭和58年は紙おむつが普及し始めた頃。今のように便利で多くのものを選べる時代ではありませんでした。また、祖母が嫁入りしたとき、洗濯や掃除に使うのは石けんのみだったといいます。それですべてをキレイに洗い落とし、清潔に保っていた。でも今は、トイレ用、お風呂用と、専用の洗剤がたくさんあります。エコな生活を始めてからは、現代社会の市場競争を肌で感じ、なんだか行き過ぎでは？　と思うようになったのです。

　お料理の面でも同じ。しょうゆ、みりん、味噌など、基本の調味料さえあれば十分だなぁと思っています。我が家では和食が定番なので、これらの調味料をおさえておけばアレンジ次第でたいていの料理は完成します。エスニック料理はもちろん、ピラフやオムライスなどの洋食プレートもめったに家で

は作りません。ちょっと物足りなく感じることもあるかもしれませんが、普段の食事はそういう粗食でちょうどいいんじゃないかな、と思っています。割り切ることによって、数回しか使わないような調味料を買うことも、メニューに迷うこともなくなりました。我が家の晩ご飯は、和食をベースにした粗食、そしてときどき外食をしてちょっぴり贅沢をする。そんなライフスタイルにしてからは、より外食が特別なものになり、家族の楽しみへと変化しました。普段とのメリハリによって、食事が単にお腹を満たすための行為ではなく、「楽しむもの」ということを知ることができた。ちょっとした工夫と考え方で、心もカラダもすっきりし、私の暮らしは想像以上に心地いいものになりました。

もくじ

はじめに 4
売っているもののほとんどは自分で作れる 6
お金がかからず、心にも財布にもやさしい 8
手作りでおいしく安全 10
自然にやさしく心もすっきり 12

1章 エコな暮らしのつくり方

長く使えるものを選ぶ 22
代用できるものを愛用してシンプルな暮らしへ 24
調味料は一升瓶で買って詰め替える 27
おいしくて経済的な土鍋 28
バスタオルは5枚しか持たない 30
パックスナチュロンの使い方 32
使える！ アルカリウオッシュ 33

あたたかくて家計にやさしい湯たんぽ 34
手作りでエコを楽しむ
①シーツでカーテンを作る 35
②ワンコインでアクセを作る 36

2章

ゴミを減らすためにしていること

ゴミを減らすことで自分の負担も減る 42
必要最低限ですます日用品 44
キッチンスポンジはどこにでも使える！ 46
お手製コーヒーフィルターなら味も格別 48
手作り布ナプキンがあれば焦らない 50
家になくても困らないもの 51

3章

エコでおいしい毎日の食卓

「朝食ワンプレート」を徹底分析 56
おうちで精米して絶品ご飯を味わう 58
安上がり食材をおいしくいただく
激安あらで鮭フレーク 60　鶏肉は安うま食材！ 61
市販で売っているものを手作り
自家製ツナ 62　イカの塩辛 63

バター 64　レーズンバター 65　いちじくバター 65
いちごジャム 66　りんごバタージャム 67

「もったいない」レシピ
ベジブロススープ 68　ポトフ 69　ニンジンたらこ 70

調味料も手作りがおいしい
ドレッシング 71　マヨネーズ 72
ポン酢・めんつゆ・万能しょうゆ 73

ヘルシー&簡単おやつ
パン耳ラスク 75　寒天のおやつ 76
ポップコーン 77　ドライプルーン&干し芋 78

心安らぐほっこりドリンク
酵素シロップ 79　甘酒 80

4章
食材を「使い切る」「使い回す」

大根を使い切る 86
柚子を使い切る 88
みかんを使い切る 90
梅を使い回す 92
おからを使い回す 94
大豆を使い回す 96
小豆を使い回す 98

5章 エコにつながるビューティー＆ファッション

〝シンプルで低コスト〟それが続けるために大切なこと 106
こだわりのお手入れアイテムを紹介！
①リンスインシャンプー 107 ②美肌水 107 ③万能クリーム 108
デイリーで使う通勤服、全部見せ 110
ワンピースって便利 112
冷え取りライフで足もとおしゃれを楽しむ 114
プチアレンジで自分らしくおしゃれを楽しむ 115
靴はお気に入りを6足 116
フル稼働するバッグはこの5つ 118
お財布ショルダーが手放せない！ 120

COLUMN 1 米ぬかもムダにしないで使い切る 59
COLUMN 2 食卓を彩るエコなコースター 74
COLUMN 3 常備食材は選び方を工夫する 100
COLUMN 4 譲り受けたものを長く愛用する 122

おわりに 124

1章

エコな暮らしのつくり方

ものを手放し、エコな生活をはじめると、
不思議と心が満たされるような気がしています。
〝エコ〟といわれて、何をすればいいんだろう？
と思っている方へ。まずは、身の回りのアイテムの
選び方についてお話ししたいと思います。
お気に入りを少し持つだけで、
エコな暮らしに近づけるはずです。

私が思うエコな暮らしは、厳選した少しの良い素材を使い回したり、使い切ったりすることだと思っています。これは口に入るもの、身につけるもの、すべてに共通していることです。使うたびに劣化するプラスチックの保存容器ではなく、使っていくうちに味わいが増す曲げわっぱを選んだり、数回着れば飽きが来るような流行もののファストファッションの服をたくさん持つより、毎日着たいと思うほど本当にお気に入りの1枚を持ったり。そんな暮らしが、私が求めている〝エコな生活〟なんだと思います。

初期投資の値段にまどわされず、

長く使えそうで自分がいいと思うものを選び抜く。これがエコな暮らしのファーストステップ。底値の商品を選ぶのではなく、本能でおいしそうだなと思う食材を買い、余すところなく使い切ったり、少ない衣服を1枚1枚手入れをしながら着倒すことは、結果、自然にやさしい行為につながります。自分の幸せを求めると、エコにもつながっていく。だから無理なく続けられるのかもしれません。この好循環な仕組みを皆さんにも知っていただきたい。満足度の高い暮らしはちょっとの工夫と考え方で手に入ると思っています。

我が家の器やカトラリーは中サイズ。カレースプーンにもデザートスプーンにも使える。子ども用の椀にも大人用のサラダボウルにもなる。一見、中途半端なサイズに見えるかもしれませんが、幅広く使えて本当に便利なんです。
（スプーン…佐藤金属興業、ボウル…無印良品）

エコな暮らし―1

長く使えるものを選ぶ

不要なモノを捨て、シンプルに暮らすようになってから、今の自分に本当に必要なモノがわかってきた気がします。〝自分にとって何が大事か〟という基準ができたので、買い物で失敗することが減りました。私の場合、食器類は多用途に使える中サイズ、キッチンツールは何役もこなすもの、が選びのポイント。リーズナブルな価格であることも重要だったりします。でも、一番大切なのは中途半端な気持ちで妥協してモノを買わないこと。

本当に気に入ったものを選べば、当初の目的に合わなくなっても別の使い道を探そうとして、自ずと長く愛用することになります。捨てることなくひとつのものを大切にすることは、エコな暮らしの第一歩だと思います。

ざるとボウルは1セット

＼水切りもラク／

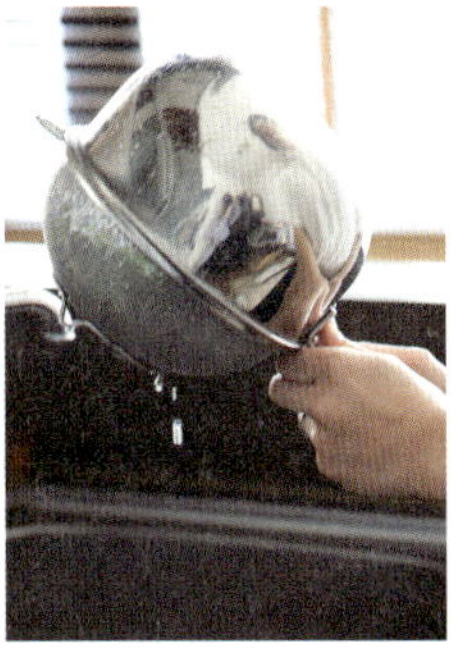

ステンレス製品で有名な“工房アイザワ”のざるとボウル。柄つきのものがよくて、ずっと100円均一ショップのプラスチック製のものを使っていました。ステンレス製のモノが欲しいと思っていたとき、教えてもらったのがこちらです。こんなにお気に入りの形なら一生使える！ ざるとボウルは別売りでしたが、あわせて野菜の水切りに使っています。

3役をこなすしゃもじ

丈夫なチタン製の“ののじ”のしゃもじ。メインはご飯をよそう用なのですが、プラスチック製のものとは違い、炒め物やマッシャーとしても使えるのが魅力。これひとつで何役もこなしてくれるので、必要以上にものを所有しないですみます。

フライ返しとして

マッシャーとして

しゃもじとして

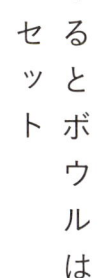

代用できるものを愛用してシンプルな暮らしへ

保存容器になったり、器になったり、調理器具になったり。いろんな使い方ができるアイテムは、エコな暮らしの強い味方。私が頼りにしている3アイテムを紹介します。

野田琺瑯

真っ白で美しい見た目の野田琺瑯は、常備菜の保存容器としてはもちろん、そのまま食卓に並べても違和感なし。レクタングルという長方形タイプを深型、浅型とそろえ、いろいろな使い方を満喫しています。

行楽弁当箱に

小学校の運動会や、公園で食べるときのランチボックスに。保冷剤と一緒に持ち運べば、琺瑯が冷たくなり、傷みにくくなるのもお弁当箱としてはうれしい。

ゼリーづくりに

おやつに欠かせないゼリーも、野田琺瑯で。粉末寒天と100%ジュースを混ぜて冷やせば完成。匂いも残らないので、洗えばすぐに別の用途で使えます。

直火で調理できる

野田琺瑯の大きな特徴は、直接火にかけられること。大豆昆布の甘煮にタコのアヒージョ。すべて琺瑯で調理できるので、洗い物の手間も省けます。

iwakiの器

iwakiのパック&レンジは、白のフタとガラス容器の組み合わせで、食材を入れてもすっきり見える。大中小、スクエア・長方形など、さまざまなサイズや型を買って、いろんなシーンで活用しています。耐熱性に優れているのでとても使いやすいです。

オーブン料理に
（フタはNG）

グラタンやお菓子作りなど、オーブンを使った料理に使えます。食器が少なくすむのは優秀な保存容器のおかげです。

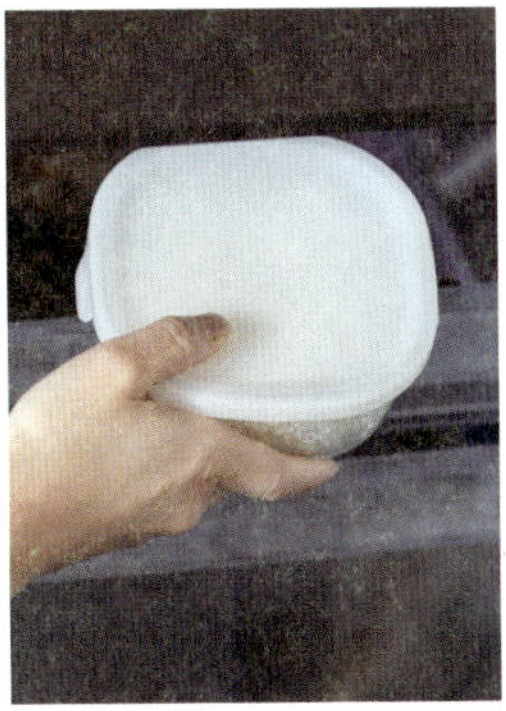

フタごと冷凍できる

フタをしたまま冷凍できるので、ご飯やおかずが余ったときに重宝します。透明で中身が見えるのもポイント。中の状態を確認できて安心です。

フタごと レンジでチンできる

冷蔵庫で保存しておいた常備菜を、温めるときに活躍。電子レンジにもフタごと使えるので、ラップを使わずにすみます。

曲げわっぱ

天然木のぬくもりを感じられる曲げわっぱ（かりん本舗）は、お弁当作りの気分を上げてくれる、素敵なアイテム。電子レンジで温められるので、朝、ご飯を詰めて、食べる直前にチンすればOK。濃い茶色は二段弁当ですが、今は子どもが小さいので一段で使用。

おやつ入れに

テーブルにちょこんと置いてあっても可愛いので、お弁当を持っていかない日はおやつ入れに。干しいもや夏みかん皮ピール（P91）など手作りおやつをIN。

おひつ代わりに

夕食用に炊いたご飯のうち、翌日のお弁当分をわっぱに入れて、冷蔵庫へ。食べる直前に職場のレンジでチンすれば、木の香りが移ってもっちりおいしいご飯に。

お弁当箱に

毎日欠かさずではないですが、職場へお弁当を持っていくのが習慣になりました。わっぱは水分を吸ってくれるので、おかずが傷みにくくなり、夏場も少し安心です。

エコな暮らし―3

調味料は一升瓶で買って詰め替える

〝井上古式じょうゆ〟、みりんとお酒の両方を併せ持つ〝味の母〟、まろやかな〝千鳥酢〟とてんさい糖を混ぜて作る甘酢。これらが、我が家の定番の調味料です。調味料は、「本物を使う」「一升瓶を買う」のが、ルール。「ちょっといいもの」は、お値段もいい。だから、お得な一升瓶で購入しています。でも、味が濃いめなので、味付けは少量で十分。結果コスパがいいのです。

　ただ、調理で使うときに一升瓶のままだと重くて大変なので、詰め替え容器に入れ替えています。面倒に思えるかもしれませんが、そのつど瓶から使うより、断然ラクです。

おいしくて経済的な土鍋

炊飯器を持たず、土鍋を使ってご飯を炊く。時短にもつながりますし、何よりとってもおいしく炊き上がります。我が家での土鍋の使い方と管理法をお教えします。

17:30

ご飯を炊く

平日は、会社から帰宅後、すぐに晩ご飯の準備に取りかります。土鍋（なんでも土鍋　8号）に、お米と水を入れて火にかけ、強火で約8分、その後10分くらい蒸らして出来上がりです。

＼同時調理も可！／

この土鍋は内ブタがついているので、同時に蒸し料理ができるんです。卵やじゃがいもをのせて一緒に火を通せるので、エコにつながります！

20:00

おにぎりにして冷蔵

翌日のお弁当用に曲げわっぱの半分にご飯を詰めます。残りは、冷凍している自家製おにぎりの具を入れて、おにぎりにして冷蔵庫に保存。これは翌日の朝ご飯になります。

7:00

朝食&お弁当に

朝、冷蔵庫に保存しておいたおにぎりをレンジであたため、朝食のワンプレートへ。ご飯を詰めておいたお弁当箱には、おかずを加えて、職場へ持っていきます。

土鍋は管理もラクちん

ステップ①

土鍋がカラになったら、水を入れて10分ほどお米をふやかしておきます。あとはそのままスポンジで洗うだけ。土鍋を洗う時は洗剤を使わないことがポイントです。

↓

ステップ②

洗い終わったら、コンロに置いて乾かせばOK。鍋の中にフタなど一式おさまるので、省スペースで乾かすことが可能なんです。

もっとエコになる裏ワザ！

土鍋は、ご飯を炊く以外でもいろんな調理で使います。たとえば豆などを煮るとき。ある程度煮こんだら火から下ろして、使い古したバスタオルでくるんでおきます。余熱でしっかり火が通るので、ガス代も浮きます。

書店のポップアップストアで知った益久染織研究所。まず、洗顔料なしでも汚れを落とせる「化粧落とし」を購入し、かなり使い心地がよかったので、「マルチクロス」を買って半分にカットしてバスタオルに。ハンガーにも重ならずに干せ、さらに乾きやすくなったと思います。

エコな暮らし―5

バスタオルは5枚しか持たない

前は、バスタオルはいわゆる一般的な、分厚いものを使っていました。でも、洗濯機に入れるとすぐいっぱいになり、2度回さないといけない。干してもなかなか乾かない。だから、なんとなく予備がないと不安で、余分に所有している時期もありました。

「管理が大変だし、分厚いバスタオルは私の生活スタイルに合わないんじゃないかな?」と感じ色々試した結果、今愛用している益久染織研究所の和紡布に出合いました。薄手なので洗濯機を回すのも一度ですみ、干してもすぐ乾く。だから、たとえ毎日洗っても、家族4人分+予備の1枚(つまり5枚)あれば、困ることはないんです。モノを持たないようにするのには、その選びが大切だと実感した瞬間です。

普段使いのタオルは各エリア2枚あれば十分！

キッチンクロス（食器拭き）も2枚まで

お皿を拭くクロスは、Fogリネンのものを使っています。ちょっと大きめサイズですが、リネン素材なので乾きもいいです。1枚はキッチン、1枚は洗濯という感じで交互に使っていけば、2枚で十分。常に使用する場所にあるので、正直、しまう場所を考えなくてもいい！

ハンドタオルも2枚！

益久染織研究所の和紡布は、なんと吸水力が普通のタオルの約1.2〜1.5倍！ 濡れている手もあっという間にすっきりきれいに拭きとってくれます。キッチンシンクにかけて使っていますが、こちらも2枚を交互に使えば、不便に感じません。

エコな暮らし—6

パックスナチュロンの使い方

家中のあらゆるところで泡立てて使える、パックスナチュロン。植物油が原料で、合成界面活性剤、香料、着色料などを使用していない、人にも自然にもやさしい液体石けんです。キッチン、ランドリースペース、浴室の3か所に置き、フル稼働させています。

プッシュ式の小型ボトルに入れて、キッチンシンクに。ハンドソープ、食器洗い、コンロやシンク洗いとして使っています。余計な成分が入っていないので、泡立ちは悪いですが、すすぎが簡単で、手荒れの心配もないです。

洗濯用洗剤として使う分はこちらに。日常の汚れやにおいは落ちますが、泥汚れは手洗いしています。ウールやシルクなどのデリケートな素材にも使えるので、洗濯が1度ですみます。

浴室掃除やボディソープとして使うほか、汚れのひどい靴下や靴洗いにも。汚れものの手洗いもお風呂場で行うので、パックスナチュロンはここにあればOK。

＊パックスナチュロンのボディソープとしての使用は推奨はされていません。人によっては肌トラブルになる可能性もありますので、必ずパッチテストをするなどしてください。

エコな暮らし―7

使える！アルカリウオッシュ

窓拭き用、床拭き用、と用途ごとに洗剤をわけるのは、過剰だと感じている私ですが、万能なパックスナチュロンに次いで、我が家の〝キレイ〟をサポートしてくれるのが、アルカリウオッシュ（別名、セスキ炭酸ソーダ）です。家庭用洗剤や入浴剤に含まれている成分で、環境にもやさしいため、エコな暮らしにぴったり。今までは重曹を使っていましたが、その重曹よりも落ちがよく、水に溶けやすいのが特徴。入浴剤として使うと体もあたたまり、その後の浴槽洗いもラク。布ナプキンのつけおき洗い、水に溶かしてスプレーを作り、コンロまわりの掃除や窓拭きにと、大活躍しています。多用途で使える洗剤は本当に頼りになります。

エコな暮らし―8

あたたかくて家計にやさしい湯たんぽ

寒い日の湯たんぽ支度

ステップ①

水を8分目まで入れたら、湯たんぽのフタを取ったまま、直接コンロにかけます。湯気が出てきたら、火を止めます。

ステップ②

湯たんぽケース(無印良品)を用意しておき、鍋つかみで湯たんぽをつかんでコンロから下ろしたら、そのままケースへ。2ステップで完了する手軽さが魅力です。

マルカの湯たんぽはトタン製なので直火にかけられるのがいいところ。やかんでお湯を沸かして、湯たんぽに移すのってちょっと面倒ですし、熱いお湯を使うので神経を使います。そんな手間が省けるので、気軽に使い続けられるのだと思います。保温性もばっちりで、夜入れても翌日の昼まであたたか。エコでお得な暖房器具です。

エコな暮らし 9

手作りでエコを楽しむ

お店で見つけて「いいな」と思ったものでも、アイデア次第で手作りすることが可能です。お金をかけず、でもおしゃれにはこだわりたいという〝欲張りな工夫〟を紹介します。

① シーツでカーテンを作る

カーテンはオーダーすると高価になりますが、リネンのシーツなら1枚3,000円くらい。これを窓枠の大きさにあわせてドレープする幅を調整したり、縦横を変えたりして掛ければ、カーテンに早変わり。真っ白なシーツを使えば、部屋が明るく広く感じられます。リネン素材は洗濯しても乾きやすいし、できたシワも味があっておしゃれな雰囲気になります。

\ HOW TO! /

シーツにクリップをつけて、カーテンレールに取りつければOK。クリップをつけるときに、写真くらいの幅で2回ドレープさせるのがカギ。

用意するもの

- リネンフラットシーツ（シングルサイズ）…2枚
- コノビークリップ（12個入り）

②ワンコインでアクセを作る

アクセサリーは、シンプルなコーディネートのアクセントにもなり、テンションをあげてくれるアイテム。ショップで売っているようなアクセサリーも、簡単に自分で作れます。そのほうがより好みのデザインに近づくし、愛着も深まります。材料はお気に入りの布のはぎれや包装用のヒモなど、身近なものばかり。作り方さえ知っていれば、可愛くそして安価におしゃれを楽しむことができるのです。

\ HOW TO! /

ブレスレット

用意するもの
- お菓子の包装用のヒモ
- ブレスレット用の留め具

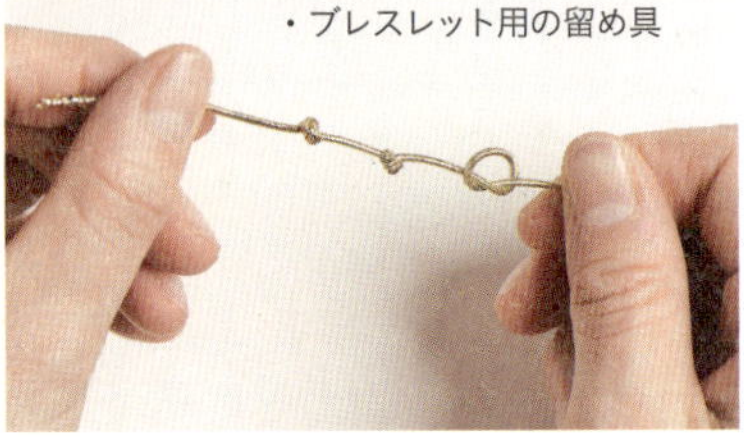

ギフトでいただくお菓子の箱についているキレイなヒモを活用。ヒモを2回結んで玉状にして、それをくり返す。自分の腕のサイズまで結んだら、留め具をつける。

ネックレス

用意するもの
- パール大15粒
- 布（30×5cm）
- 糸
- リボン（お好みの長さ／約15cm）

\ HOW TO! /

1　布の端を少し残して、糸で結んでおく。布にパールを一粒包む。

2　糸を何回かしばって結び、パールを留めていく。これをくり返す。糸はゴールドやシルバーの刺しゅう糸などを使うと、よりアクセサリー風に仕上がる。

3　最後までパールを結んで留めたら、布でリボンを包んで糸でしばる。もう片方も同様にしてリボンをつけたら完成。

ブローチ

用意するもの
- くるみボタンブローチセット（サークル・40／クロバー株式会社）
- 布
- 糸

\ HOW TO! /

1　はぎれをブローチキットの型より、ひとまわり大きいサイズで丸型にカット。布の円周を糸でかがっておく。

2　布にブローチキットの型を当ててきゅっと糸をひっぱり、くるむ。糸を玉結びしてカット。最後にブローチの留め具をはめる。

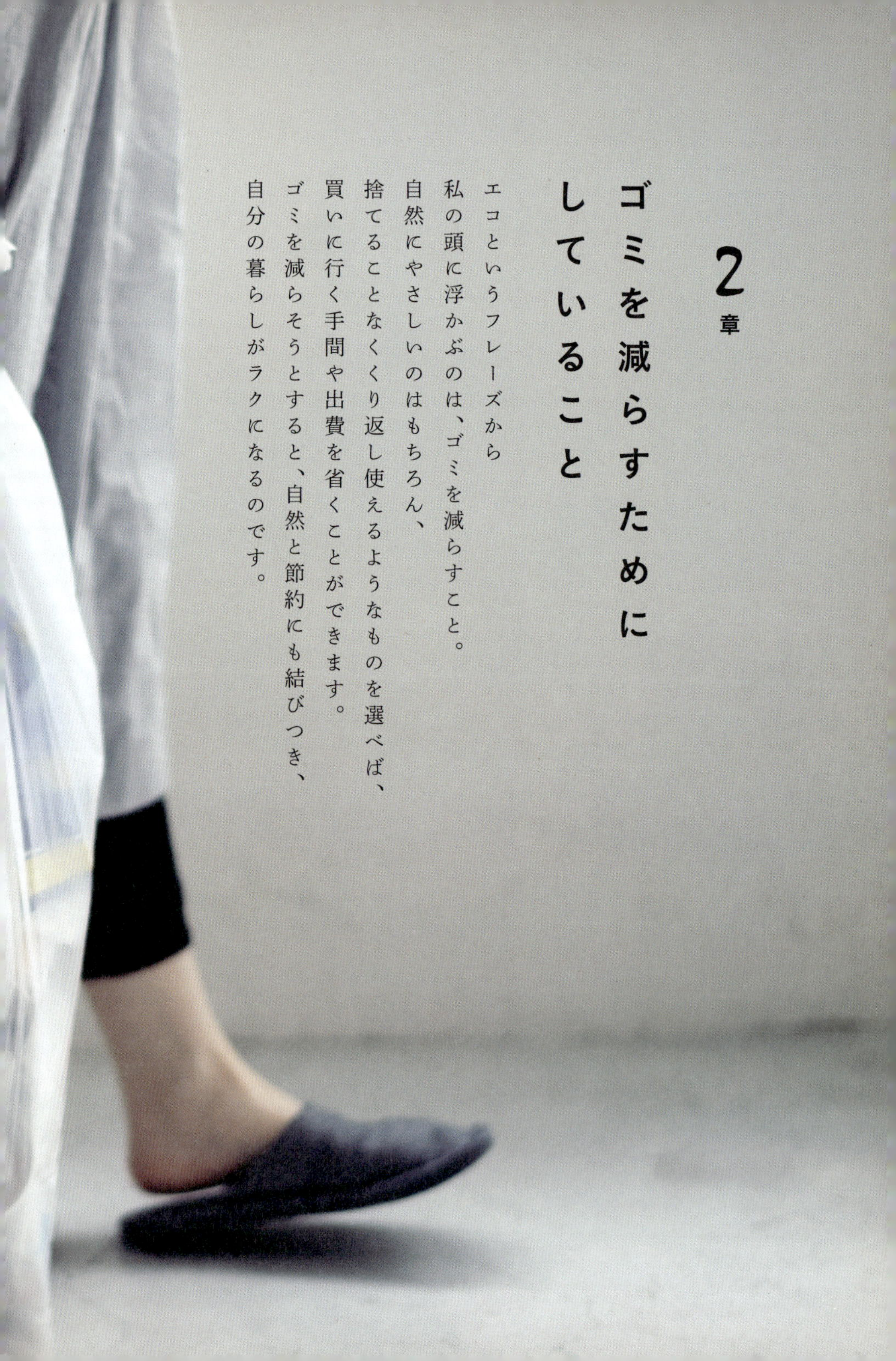

2章

ゴミを減らすために していること

エコというフレーズから
私の頭に浮かぶのは、ゴミを減らすこと。
自然にやさしいのはもちろん、
捨てることなくくり返し使えるようなものを選べば、
買いに行く手間や出費を省くことができます。
ゴミを減らそうとすると、自然と節約にも結びつき、
自分の暮らしがラクになるのです。

そもそものきっかけは、ゴミ出しって大変だな、と感じたこと。各部屋からゴミを集めて袋にまとめ、収集場に持っていく。慌ただしい朝に、ゴミ出しの時間を取られるのはなんともムダだと思ったことがはじまりでした。その後、ゴミ箱を1つに減らしてみたものの、2、3日でいっぱいになる。だから、ゴミ自体を減らそうと思いました。

ゴミを減らそうと決めたら、買い物の仕方に変化が起きました。かさばるような包装がしてあるものは避け、コンパクトに捨てられるようなものを選ぶように。意識して店内を見渡すと、実はゴミを減らす手助けとなるような商品が、たくさんあるということを知りました。そして面白いことに、ただなんとなく行っていたスーパーにも、エコを意識しているお店、過剰包装が好きなお店と特色があるということに気づきました。

「環境にやさしいことをしよう」と頭ではわかっているつもりでも、なかなか行動に移せずにいたのですが、「自分がラクしたい!」というなんとも不純な動機から〝ゴミを減らす〟ことがはじまりました。自分にメリットがあって、結果、環境にも優しかった。それが自然に続けられる理由なんだと思います。

ゴミを減らすことで自分の負担も減る

約3年前、我が家から1週間に出ていたゴミは、45ℓのゴミ袋4個分！毎日のゴミ出しやゴミ袋代を考えると、いろんな負担が多かったと思います。今は、その半分まで減量することができました。

ゴミが多い＝消費が多いということ。だからゴミを減らそうと意識すれば、自然と節約につながっていくと思います。我が家で実践しているのは、ささいなこと。でも、常に「ゴミを減らそう」と頭の片隅に入れておけば、それは生活を変え、自分自身のさまざまな負担を減らしてくれるのです。

ゴミを減らすための心がけリスト

家族全員でマイボトル

ペットボトルのゴミが出ないように、マイボトルを家族分、常備しています。子どもたちは遠足や公園用。大人は、家から飲み物をマイボトルに入れて、仕事場へ持参しています。

買い物にはエコバッグ持参

スーパーの袋も、今ではお金を払って買う時代。エコバッグを持っていけばお金もかからず、必要以上にビニール袋を持たなくてすみます。

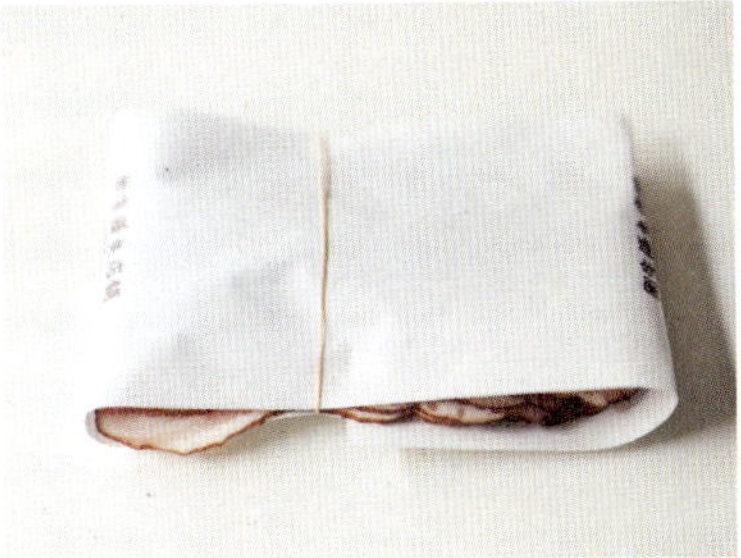

ゴミの出ないパッケージを選ぶ

魚や肉などは、スーパーで買うと発泡スチロールのトレーに入っていますが、商店街にあるような専門店なら、簡易包装で売られています。紙で包むだけの包装なら処分するのもラクです。

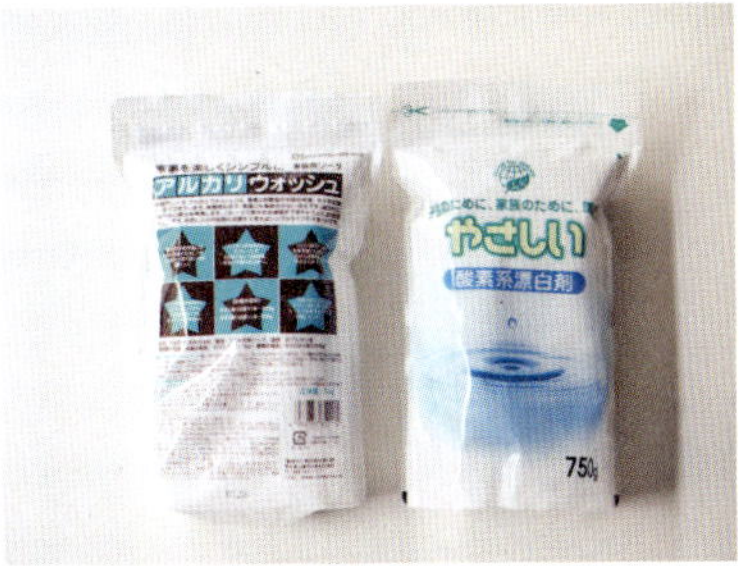

洗剤類は“粉”

アルカリウォッシュや酸素系漂白剤などは、粉末のものを買っています。水で溶かして液体にすればいいので、使用に問題はありません。液体で持つよりコンパクトに収納できて、プラ容器などのかさばるゴミが減りました。

必要最低限ですます日用品

日々使用する身の回りの品も、なるべく少なくした方が管理もラクだし、買い物に行く回数も減ります。そんな中でこれだけは手放せない！　という我が家の日用品をお見せします。

歯みがき粉不要の歯ブラシ

私が愛用しているのは、MISOKAの歯ブラシ。これ、歯磨き粉を使わなくてもつるつるになるんです。歯磨き粉を使わないと思うと、逆に歯を1本1本ていねいにみがくようになった気が。うがいに使う水も少なくすむので、節水にもなります。

袋入りの
ティッシュペーパー

袋入りティッシュは、中身がなくなったあとの処理がラクです。箱をつぶす手間が省け、紙箱のゴミが出ません。普段は木製のティッシュケースに2パック入れて使っています。

芯のない
トイレットペーパー

トイレットペーパーは、170m以上のロングタイプで芯のないもの。単価は高いけれどなかなかなくならないし、ゴミも出ないのでお得だと思います。

使い勝手抜群の
パックスナチュロン

もはや我が家に欠かせないアイテム。食器洗いや洗濯など、これひとつで8役をこなすので、用途別の洗剤を買わずにすんでいます。

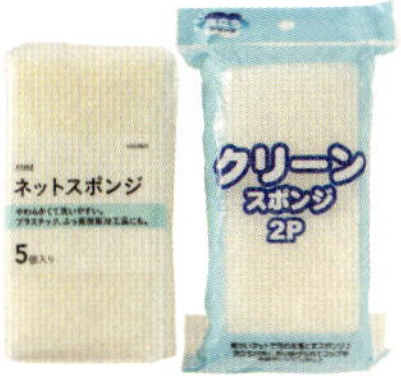

シンプル白の
キッチンスポンジ

ループつきなので、シンク上にひっかけて保管できます。週1で使い切るので、お財布の負担にならない安いものを、100円均一ショップやホームセンターで買っています。

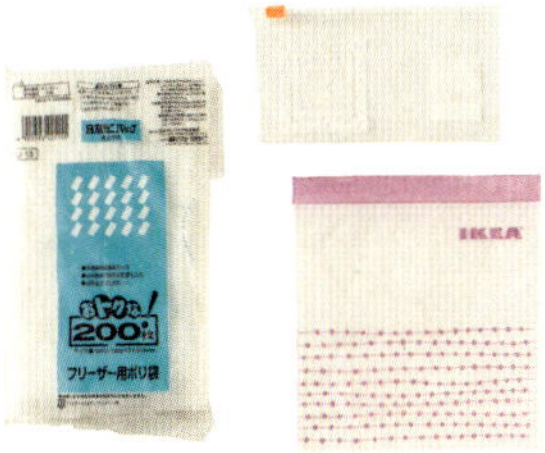

冷凍用に活躍！ 保存袋

IKEAや紀ノ国屋の冷凍保存用袋と、安価なフリーザー用ポリ袋を使い分け。ポリ袋はとにかく安いので、肉や魚介など1回分の食材を入れたりして思う存分使い切っています。

機能美を追及した
ラップケース

ラップは、ideacoの白いケースに詰め替えています。我が家のラップは22cm×50mの1種類のみ。よく使う大きさだけを持ち、使い回しています。

撮影：菅 朋香

消耗品を減らしたい！

キッチンスポンジはどこにでも使える！

キッチンスポンジは、週1で使い切ります。普段は食器洗いに、週末にはキッチンシンクやガス台まわり、排水口の掃除に使い、最後にトイレの便器掃除で使ってゴミ箱へ。だから、我が家ではトイレブラシを持ちません。掃除道具にあまりお金をかけたくないので、日用品で代用できるのであれば、それを活用。スポンジはいろんな用途で使え、助かります。

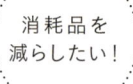

皿洗いで使ったら週末はシンク掃除に

キッチンまわりの掃除は、週に1度集中して行います。シンク内をパックスナチュロンで泡立てて、スポンジで洗います。そのほか、コンロやレンジまわり、排水口もきれいに。ちなみに、スポンジとセットでパックスナチュロンもありとあらゆる場所で使います。

最後はトイレ掃除に

キッチンの掃除が終わったら、最後はトイレへ。ビニール袋を手にはめてスポンジを持ち、こちらもパックスナチュロンで便器内をお掃除。スポンジをトイレブラシ代わりに使います。

掃除が終わったら、ビニール袋をくるっとひっくり返し、そのまま袋の口を結んでゴミ箱へ。ゴム手袋をはめて使うよりも処理がラクちんです。

消耗品を減らしたい！

お手製コーヒーフィルターなら味も格別

ほぼ毎日コーヒーを飲むので、必ず1日1回は使うコーヒーフィルター。紙だとそのつど捨てることになりますが、布のフィルターを1枚作れば1年ほど使え、ゴミを減らすことができます。使い終わったら水で洗い、コップに水を入れて浸しておく(*)。お手軽管理もうれしいメリット。

\ HOW TO! /

用意するもの
・ネル生地
（綿織物を起毛した布生地のこと）

1　ネル生地をコーヒーフィルターホルダーのサイズに合わせて、半円にカット。

↓

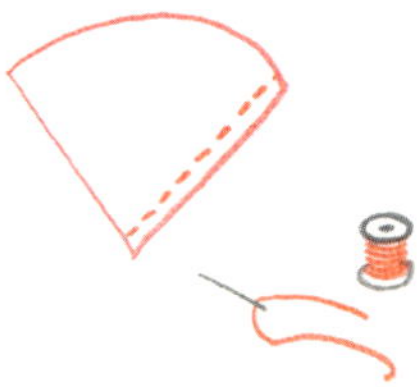

2　半円にカットした端と端を縫い合わせて完成。ペーパーよりコーヒーが落ちるのが遅いので、濃くおいしい1杯を作れます。使用前に、汚れ落としと消毒のために5分間煮沸してください。

＊使わない日でも水は毎日新しいものに取り変えてください。

買わずに工夫して代用する！

消耗品を減らしたい！

テッシュ→ウエスで代用！

着古したTシャツなどの衣類をカットすれば、すぐにウエスが出来上がります。キッチンカウンターの近くに置いておき、シンクやコンロ周りなどの掃除用に。

消臭剤→コーヒーカスで代用！

芳香剤のにおいが人工的で嫌いで、妊娠中、つわりの時期に、気持ち悪くなってやめました。ドリップしたあとのコーヒーカスを2日くらいベランダで干して、さらさらになれば出来上がり。嫌なにおいを吸収し、ほのかにコーヒーの香りが漂います。コーヒーカスが出るご家庭は利用してみてください。

トイレの奥に！

ランドリースペースに！

キッチンの冷蔵庫内に！

消耗品を
減らしたい！

手作り布ナプキンがあれば焦らない

「多い日用、夜用、軽い日用」といつも何種類か揃えておかないといけないのって面倒だなと思ったのがきっかけです。ただ、布ナプキンを続ける自信がなかったので、最初は着古したネル生地のパジャマでトライ。いざ作ってみたら、快適ですっかりハマってしまいました。濃い色のネルシャツを使うと血液も目立ちにくく、洗うときはアルカリウォッシュのつけ置きで十分キレイになります。これで「ナプキンがない！」と焦って買いに行くこともなくなりました。

用意するもの
・ネル生地
・防水シート（ない場合は、ネル生地を三つ折りにする）

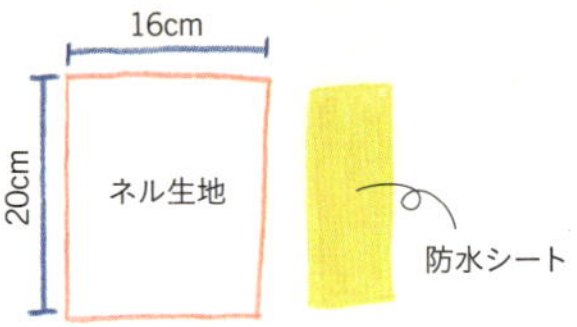

\ HOW TO! /

1　ネルシャツがくたびれてきたら、ぜひ作ってみてください。腕の部分は軽い日用、背中は夜用など生地の大きさを調整できるのが手作りの魅力。ネル生地を買ってももちろんOK。まずは、20cm×16cmの長方形にカット。

↓

2　カットした布の端を縫い合わせれば完成。漏れが気になる人は、防水シートを長方形に切り、中に入れると安心です。

家になくても困らないもの

不要

- キッチンペーパー
- 三角コーナー
- ティーポット
- シャンプーラック
- バスチェア
- バスマット
- トイレマット

キッチンペーパーはもともと母が使わない人だったので、使い道がわかりません。ウエスやさらし、新聞紙の代用で問題ナシ。マット類は、洗濯の手間があるし、掃除のときにいちいちどかさないといけないので面倒。キッチンシンク、浴室などの水まわりも余計なものを置かず、すっきりと清潔に保つようにしています。

3章

エコでおいしい 毎日の食卓

私が選んだもので、
家族のカラダは作られる。
毎日元気に過ごしてほしくて、
たどり着いた食事作りでわかったこと。
それは、安全でおいしいものは
普通より「高い」ということ。
だから、無農薬野菜は
皮や種までムダなく使い切ったり
安上がり食材のレパートリーを
増やして使い回したり。
そんな我が家のエコな食卓を
ご紹介します。

「口にするものは安全なもの、おいしいもの」を心がけたら、毎日の食卓が変わり、家族のカラダが変わりました。日々の良質な食事作りは、健康なカラダと心のゆとりを生みだすことがわかったのです。子どもが生まれるまで包丁をろくに握ったことがなかった私ですが、家族が増え、これがママの大切な役目なんだと気づいたとき、料理が「苦」から「好き」に変わりました。

家族の健康を考えることができるのは、ママの特権。特に、自分で食べ物を買えない乳幼児の口に入るものは、すべてママの選ぶもので決まります。だから、素材選

びや食事作りは、本当に大切なこと。仕事や家事で時間に追われていた以前の私は、こんな当たり前のことに気づきませんでした。

「今日は何を作ろうかな？」とメニューありきで考えるのではなく、安全な素材を手に入れ、その良さを生かした料理を作る。そうシフトしていったら、いつの間にか家族のカラダは丈夫になり、めったに風邪を引かなくなりました。カラダのためにサプリメントを飲んだり、医療や美容にお金がかからなくなり、より自然体でいられるように。おいしく安全な食事は、そんな不思議なパワーを持っていると、信じています。

我が家の定番！
「朝食ワンプレート」を徹底分析

朝食で登場するのが〝ワンプレート〟。炭水化物、タンパク質、野菜に果物。これ1枚でバランスのとれた食事ができるように心がけます。赤、黄、緑があればたいていの栄養素を摂れる気がします。

タンパク質

ゆで卵の塩こうじ漬け

朝食のタンパク質は卵や豆で摂ることが多いです。常備菜や前日の晩ご飯のおかずを活用して、肉や魚を使うこともあります。

ビタミン

サラダ
（手作りドレッシング添え）

ビタミンが摂れる野菜もプレートに必須。ベビーリーフと自家製ツナ（P62）のサラダに、手作りのニンジンドレッシング。ミニトマトは実家から送られてきた新鮮なもの。

乳製品

ヨーグルト

乳製品や果物も積極的に摂るように心がけています。手作りのいちごジャム（P66）をのせたヨーグルトは、朝食にぴったり。

ビタミン

常備菜

常備菜もたいてい1品は使います。こちらはもったいないレシピのひとつである、ニンジンたらこ（P70）。忙しい朝でも常備菜があれば盛り付けるだけ。

炭水化物

おにぎり

おにぎりかパンで炭水化物を摂取。こちらは、大根の葉炒め（P87）入りのおにぎり。子どもはパンが好きですが、かたよらないようにご飯も出すようにしています。

\ バリエーション豊かな毎日のワンプレート /

和食プレート

おにぎりは、サーモンあらで作る鮭フレーク(P60)を混ぜたもの。手作りの切り干し大根(P87)、自家製のはちみつ梅、ゆで卵の塩こうじ漬け、大豆昆布、柚子大根など和のおかずをちょっとずつ。ほうれん草サラダにはトマトを添えて。

洋食プレート

クロワッサンのサンドウィッチには、自家製ツナを入れて。安上がり食材である砂肝をスライスして茹でポン酢で漬けた常備菜、サラダには手作り塩こうじドレッシングを。イチゴとメープルシュガー入りのヨーグルト、自家製ドライプルーンはデザートに。

休日プレート

かたくなったバゲットは、卵・牛乳・砂糖を混ぜた液に一晩浸しておけば、翌朝立派なフレンチトーストに。レーズン入りのキャロットラペ、オイルサーディン入りマリネを添えたサラダ。ヨーグルトには前日の夜にドライマンゴーを入れておくと、翌日プルプル食感を楽しめます。

常備菜ばかりの
ラクちんプレート

彩りで小ネギを入れた、チーズおかかおにぎり。じゃがいものポタージュ、大豆ひじき煮、ほうれん草のごま和え、ニンジンしりしり、カボチャのマリネ、オイルサーディンと、常備菜をバランスよく選んで。ミニトマトでビタミンもしっかり摂取。

おうちで精米して絶品ご飯を味わう

水がきれいな場所で作る夫の実家のお米が食べたくて、家庭用精米機を買いました。コーヒー豆も挽きたてがおいしいように、お米も精米したてが一番おいしい。外食より自宅のお米の方が断然おいしい！と感じるほど、おいしさに違いを感じます。

野田琺瑯のストッカーに保存してある玄米を、1週間分精米します。玄米は虫がわきにくいので、管理がラクです。

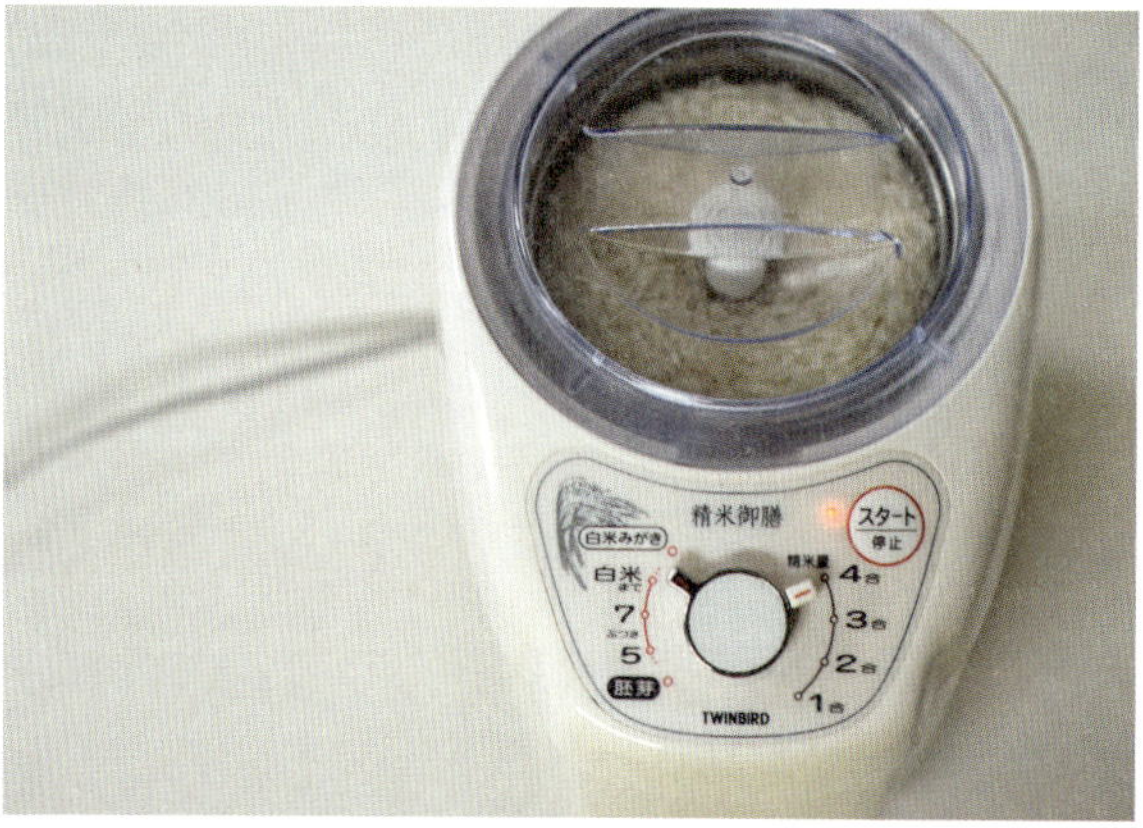

玄米を精米機に入れてスタート。5分くらいで4合の玄米が白米になります。

お米は、ダルトンのガラス容器に入れて保存。1週間分2キロのお米が入ります。

COLUMN 1

米ぬかもムダにしないで使い切る

米ぬかパック

毎週末、一週間分の精米を行うので、米ぬかが出ます。新鮮なものを使いたいので、精米した日の夜は米ぬかパックの日。米ぬかで美白&保湿効果、小麦粉で皮脂汚れをOFFして、もっちりつるつる肌が手に入ります。

用意するもの
- 米ぬか…大さじ2
- 小麦粉…小さじ1
- 水…小さじ1程度

\ 完成 /

\ HOW TO! /

米ぬかと小麦粉を混ぜて、お好みの固さになるまで水(化粧水でも可)を少しずつ入れる。よく混ぜ合わせたら、出来上がり。目のまわりを避け、5分ほど顔にのせて、ぬるま湯で洗い流してください。
＊作ったその日のうちに使い切ってください。

エコ
1
レシピ

安上がり食材をおいしくいただく

安く手に入る食材だって、少し手を加えることで絶品料理に変身します。作り方さえ知っていれば、お財布もお腹も満足するレシピが実現するのです。

激安あらで鮭フレーク

1パック100円以下の安さが魅力の魚のあら。常にスーパーに売っているわけではありませんが、見つけたらぜひ購入してみてください。しょうゆ、みりん、砂糖で味つけした鮭フレークは、市販のものとは違う甘い味つけで、子どもたちにも好評です。

\ HOW TO! /

1　サーモンのあらをグリルで焼く。1パックで約1瓶分が作れます！

用意するもの

- 魚のあら（鮭やサーモンがオススメ）…1パック
- しょうゆ …大さじ2
- みりん…大さじ2
- 砂糖…大さじ2
- 白ごま…適量

＊調味料はお好みで。

2　焼き上がったら手で身をほぐす。鍋にサーモンを入れ、しょうゆ、みりん、砂糖を入れて煮つめる。

\ 完成 /

ご飯に混ぜておにぎりにして、朝食ワンプレートやお弁当に。サーモンのあらのしっとりした食感と甘じょっぱさが素朴な味わい。食べ飽きないおいしさです。

\ おにぎりにすると絶品！ /

鶏肉は安うま食材！

鶏はモモ肉がおいしくて一番！ と思っている方も多いかもしれませんが、ほかにもおいしい部位はたくさんあるんです。ロープライスの砂肝、むね肉、レバーを使ったレシピを紹介します。

¥150

砂肝のにんにく炒め

砂肝は薄切りにしておく。フライパンに油を入れて熱し、スライスしたにんにくを入れ、香りが出たら砂肝を炒める。塩こしょうで味つけして完成。お酒のおつまみに最高です！

¥180

レバーのマスタードマヨ和え

血抜きしたレバーを食べやすい大きさに切る。沸騰したお湯にレバーを入れ2分、火を止めて5分ぐらいすると予熱でふっくらと火が通る。お湯を切ったレバーにマスタード、マヨネーズを各大さじ1ずつ、お好みで塩こしょうを混ぜ合わせれば完成。

¥200

むね肉のネギ塩炒め

フライパンにむね肉の皮部分を下にして火をつけ、“味の母”（料理酒でも可）を大さじ3入れて、弱火で蒸す。ネギ半分を細かくきざみ、小さじ1の塩と混ぜてしんなりさせる。蒸したむね肉を食べやすい大きさに切り、ネギ塩と少量の柚子こしょうで和える。

エコ
2
レシピ

市販で売っているものを手作り

お店で売っているものは、たいてい家でも作れます。その方が安全でおいしく、安上がり。覚えてしまえば簡単なものばかりなので、ぜひチャレンジしてみてください。

自家製ツナ

ツナと聞けば、缶詰を想像する人も多いと思います。でも、マグロと塩とオリーブオイルがあれば、おうちでも簡単にツナが作れちゃうんです。缶詰より「魚」を感じられる手作りツナ、やみつきになること間違いナシ！

\ HOW TO! /

用意するもの

・マグロ…1パック
・塩…大さじ1
・オリーブオイル
…適量（マグロが浸るまで）
・スライスにんにく（お好みで）

＊マグロのあらの場合、血合い部分は避けてください。きはだマグロやカツオでも作れます。切り身が厚い場合は薄くスライスした方が中まで火が通りやすいです。

1　マグロ全体に塩を塗って、冷蔵庫で2時間くらい置く。

2　ドリップ（赤い汁）が出てくるので、清潔な布やキッチンペーパーで表面の塩と一緒にふき取る。

3　鍋（我が家の場合は直火OKの野田琺瑯）に、マグロが浸るぐらいの量のオリーブオイル、にんにく（お好みで）を入れ、低温で熱し、両面の色が変わったら火を止め、余熱で火を通し冷めたら完成。

↓

完成

3ステップで作れるのがなんといっても魅力。自家製マヨネーズを混ぜて、ツナマヨにしたら、おにぎりやサンドイッチの具に。そのままサラダにのせてもおいしいです！

おにぎらずやサンドイッチで大活躍

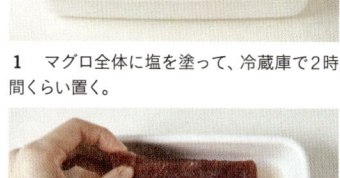

イカ1ぱいと塩だけ！

イカの塩辛

塩辛は自宅で作る方が断然おいしい！　作るときは新鮮なお刺身用のするめイカを買って、その日のうちに調理するのがコツ。味つけは塩のみ、ほぼ放置しておくだけというシンプルさがグッド。

用意するもの

- いか…1ぱい
- 塩…大さじ1
- みりん
  …小さじ1（少しまろかやな味がお好みの方）

\ HOW TO! /

1　イカの内臓を引き抜き、背骨を取る。肝とイカの身全体にまんべんなく塩をまぶす。

2　冷蔵庫で2時間置き、その後、清潔な布もしくはキッチンペーパーで、まぶした塩をふき取る。イカの身は細切りにする。

3　肝に大きな穴をあけ、細切りにしたイカと和えて冷蔵庫でなじませる。翌日が食べごろ。

トーストのおともに欠かせない

バター

「バターはおひとりさま1つまで」。スーパーでそんなポップを見かけたりするほど、バターは品薄になりがち。でも生クリームがあれば、バターは簡単に作れます。しかも応用が効くので、作り方を知っておくと便利です。

用意するもの

- 生クリーム…200ml（乳脂肪分45%以上のものが好ましい）
- 塩…小さじ1/3

＼HOW TO!／

生クリームのパックを開けて、塩を入れ、ブレンダーにかける。2〜3分ほどで固まり、ホイップ状のバターの出来上がり。

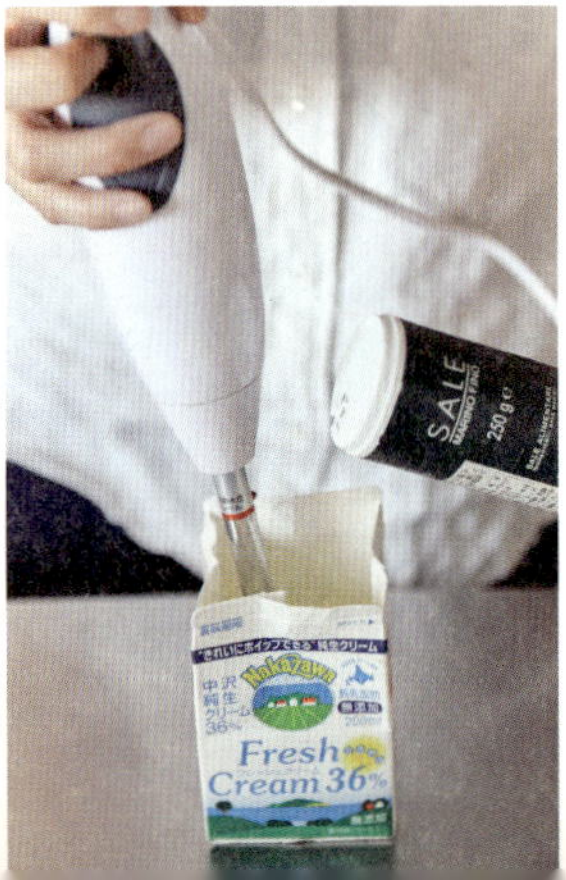

乳脂肪分のパーセンテージが高ければ高いほど固めのバターに仕上がります。

＊3日以内に使い切ってください。

応用編 1

普通の食パンがスペシャルな味に

レーズンバター

レーズンバターがあれば、いつものトーストがちょっぴりリッチに。ラム酒が入っていないので、子どもと一緒に楽しめます。

用意するもの

- 生クリーム…200ml（乳脂肪分40%以上のもの）
- レーズン…適量
- 砂糖…大さじ1

\ HOW TO! /

1　生クリームのパックに砂糖を入れる。レーズンは細かく刻んでおく。

2　生クリームのパックにレーズンを半量加え、ブレンダーをかける。生クリームが固まりかけたら残りのレーズンを入れ、仕上げにもう少しブレンダーをかける。

3　パックごと冷凍庫に入れ、半日固める。冷凍庫から取り出し、食べやすい大きさにカット。余りはラップで1つ分ずつ包み、冷凍庫に保存。

応用編 2

いちじくバター

レーズンの代わりにドライいちじくを入れてもおいしい。作り方は、レーズンバターと同様。細かく刻んだドライいちじくを、砂糖を加えた生クリームの中に入れ、ブレンダーにかける。あとはパックごと冷凍すればＯＫ。

甘さひかえめ

いちごジャム

シーズンが終わりかけの、小粒のいちごが売っているときによく作ります。短時間で簡単に出来上がるのがうれしい。実がゴロゴロ感じられるジャムはとっても贅沢！

用意するもの

- いちご…1パック
- 砂糖…80〜100g（お好みの甘さで）
- クエン酸
  …ひとつまみ（レモン果汁 小さじ1でも可）

\ HOW TO! /

1 いちごはへたを取り、ぶつ切りにする。

2 鍋にいちごを入れて、砂糖を加えて木べらなどで実をつぶしていく。いちごから水分が出てくるので、そのまま煮崩す。

3 水分がある程度なくなり、砂糖が溶けてトロッとしてきたら、最後にクエン酸を入れる。

子どもも大好き！

りんごバタージャム

軽井沢で出合った味を自宅で再現。りんごのさわやかさとバターの深みが混ざり合った、クセになる味。メープルシロップを入れてプチアレンジも楽しめます。

＼HOW TO!／

1　りんごは皮をむき、すべてすりおろし、バター、砂糖、塩とともに鍋に入れる。

2　水分がなくなるまで煮詰めたら、冷蔵庫で冷やして完成。

用意するもの

- りんご…半分
- バター…50g
- さとう…大さじ2
- 塩…ひとつまみ

応用編

＼焼き芋に添えても／

エコ
3
レシピ

「もったいない」レシピ

野菜の皮をむいて、芯や種を取って調理したら、それでおしまい。それはちょっともったいない！　今まで処理していた残り野菜にちょっと手を加えれば、最後の最後まで使い切れ、おいしいひと品が完成するのです。

野菜の皮を捨てずに使った

ベジブロススープ

基本、食材の買い出しは週に一度だけ。買ったら一気に下ごしらえをするので、野菜の皮や芯がたくさん出ます。それらを余すところなく使うベジブロススープ。市販で売っているようなスープの素を自分で作りだすイメージです。

用意するもの

- キャベツの外皮・芯
- 玉ねぎのヘタや外皮
- ニンジンのヘタや皮
- りんごの芯
- かぼちゃのわた・種
- 椎茸やえのきの軸

＊基本的に無農薬野菜を使用。無農薬ではない場合、50℃のお湯で洗うか、重曹に30秒つけ置きで、農薬を除去すること。

HOW TO!

1　鍋にたっぷりの水と料理酒（我が家の場合、“味の母”）を入れ、下ごしらえで出たキャベツの外皮や芯などを入れて、弱火で煮る。たまねぎの外皮を入れるとスープが黄金色になり甘くなるのでオススメ。お好みで出汁昆布を15cmほど入れると風味豊かな味になります。

2　30分ほど材料を煮て完成。

そのとき余る野菜によって味が変わるのも楽しい！

ベジブロススープのアレンジ

ポトフ

けんちん汁やカレーの出汁、煮込み料理のベースとして活躍するベジブロススープ。ベーコン代わりに塩こうじでつけた豚バラ肉を入れて、ヘルシーだけどボリューム満点のポトフを作ります。

HOW TO!

1　豚バラ肉180gの表面に塩こうじ大さじ4をたっぷり塗って、保存袋に入れてなじませる。2日間くらい冷蔵庫で置くと味がよくなじむ。これでベーコン代わりの塩こうじ豚肉が完成。

2　材料の野菜を食べやすいサイズにカット。ベジブロススープと一緒に野菜を入れて煮込む。

3　塩こうじ豚肉も食べやすい大きさに切り、**2**に入れ、煮込む。

用意するもの

- じゃがいも…大1個
- ニンジン…半分
- たまねぎ…半分
- キャベツ…半玉
- ベジブロススープ…800ml
- 塩こうじ豚肉…100g

ベーコン代わりに塩こうじ豚肉

ベーコンブロックは好きだけど、添加物が少々気になる。だったら、自家製の塩こうじと豚バラブロックでベーコンの代わりになるものを手作り。

ニンジンを余すところなく使って！

ニンジンたらこ

常備菜として欠かせない、ニンジンたらこ。子どももおかわりをたくさんしてくれるひと品です。色鮮やかなので、ワンプレートに添えたり、お弁当のすき間に入れるのにもちょうどいい。

HOW TO!

1　千切り器（もしくはスライサー）を使って、ニンジンをまるごと細かくカットする。

2　ゴマ油をひいたフライパンでニンジンを炒め、しんなりしてきたら、たらこを投入。たらこがプチプチしてきたら、しょうゆをたらし入れる。

用意するもの

- ニンジン…1本（皮まで）
- たらこ…1腹
- しょうゆ…小さじ1
- ゴマ油…大さじ1

エコ

4

レシピ

調味料も手作りがおいしい

お料理の味つけに欠かせない調味料もほとんど手作りしています。しょうゆ、お酢、オイルなど家にあるもので自家製の調味料は簡単に作ることができます。

和風、洋風なんでも作れる！

ドレッシング

ドレッシングは、甘酢とオイルと塩こしょうで作ったベースをもとに、いろいろアレンジしています。ゴマ油で中華風、オリーブ油に粉チーズを加えてイタリアン。野菜や気分にあわせてドレッシングも手作りすることが可能です。

用意するもの

- ニンジン…5cmほど
- 甘酢…大さじ2
- エゴマ油…大さじ2
- 塩こしょう…少々

＼HOW TO!／

1　ボウルに甘酢（下記参照）を入れ、オイルを糸状にたらしながら泡立て器でよく混ぜる。

2　すりおろしたニンジンを加え、塩こしょうで味を整えたら完成。

応用編

塩こうじドレッシング

すりおろしにんにく半かけ、塩こうじ大さじ1、ゴマ油大さじ1を、半分に切ったミニトマト、刻んだニンジンと混ぜるだけ。

番外編

＼常備していて損なし！／

マリネ液にも使える！
甘酢

500mlの保存瓶で作る場合、千鳥酢を450ml、てんさい糖を150g用意。千鳥酢にてんさい糖を溶かせば出来上がり。甘酢にハチミツを加えれば、マリネ液のベースにも！ 左の料理は、オイルサーディンと新玉ねぎのマリネです。

サラダに使えば野菜がもっとおいしい!

マヨネーズ

自分で作れるから、使いたいときに使いたい分だけ作って、いつでも新鮮なマヨネーズを味わえます。我が家は子ども向けに甘めに調整。ふわふわミルキーなマヨネーズは食べるのも楽しい!

用意するもの

・卵黄…1個
・甘酢(P71)…大さじ2
・塩…少々
・菜種油…120cc

\ HOW TO! /

1 新鮮な卵黄、甘酢、塩を、分量通り、カラの牛乳パックに入れる。

2 **1**に糸のように油をたらし入れながら、ブレンダーにかける(油が一定の量まで入るとマヨネーズのように固まってくる)。約1〜2分かけたら完成。

＊生卵を使っているため、3日ほどで使い切ってください。

応用編

ハニーマスタードソース

自家製マヨネーズ大さじ2、マスタード大さじ1、ハチミツ大さじ1を混ぜて作ります。調味料を適宜加えて混ぜ、味見をしながら好みの味に仕上げてください。ちなみに、これをおからナゲット(P95)に添えて出すと、子どもたちが喜びます。

万能しょうゆ

水を入れないので、冷蔵庫で保存すれば半年もちます。から揚げの下味やマグロ漬丼などで使うと、しょうゆよりも食欲をそそる風味で、おいしく決まります。

用意するもの

- しょうゆ…適量
- にんにく…1かけ
- しょうが…1かけ
- 大葉…2枚

\ HOW TO! /

空き瓶にたっぷりしょうゆを入れ、刻んだにんにく、しょうが、大葉を加えて保管する。

めんつゆ

料理をしっかり作るようになると、調味料にもこだわるように。家に常備している乾物で作るめんつゆは、濃厚だけどやさしい味わい。

用意するもの

- しょうゆ…200ml
- みりん…200ml
- 出汁昆布…1枚
- かつおぶし…ひとつかみ
- 干しシイタケ…6個

\ HOW TO! /

1　しょうゆ、みりん、出汁昆布、かつおぶし、干しシイタケを鍋に入れて、一晩置いておく。

2　翌日、ひと煮立ちさせたら完成。

ポン酢

手作りのポン酢の味を知ってしまうと、もう市販品に戻れなくなるはず！ お店で買える100%柚子果汁を活用したり、カボスで代用してもOKです。

用意するもの

- 柚子酢（柚子果汁と酢1:1）（P89）…200ml
- しょうゆ…200ml
- 出汁昆布…1枚
- みりん…大さじ1

\ HOW TO! /

清潔な瓶にすべての材料を入れ、よく振るだけ。だんだんと昆布の出汁が出てきて、深い味わいに。瓶で作れば、そのまま冷蔵庫に保存できるので便利です。

番外編

めんつゆの出しガラはふりかけに！

めんつゆを作ったあとは出しガラを使ってふりかけに。昆布やかつおぶしなど、材料が明確なので安心しておいしくいただけます。

\ HOW TO! /

1　昆布、かつおぶし、干しシイタケなどを煮て作っためんつゆ。完成したら、出しガラを取り出す。

2　出しガラをマルチブレンダー（フードプロセッサーでも可）にかける。

3　ふりかけの完成。ちょっと濃いめの味なので、ご飯のおともにぴったり。お茶漬けにしてもおいしい。

COLUMN 2

食卓を彩るエコなコースター

木目調のテーブルによく合う、コースター。実はこれも手作りしたものなんです。しかも、お気に入りのキッチンクロスで作ったリメイク品。ちょっとしたことで、モノは見事に生まれ変わります。

キッチンクロスは、Fogリネンで買ったお気に入りのもの。約3年使って一部生地が薄くなってしまったけれど、ウエスにするのはもったいない。そこで、コースターに作り変えることにしました。クロスを3回重ね折りしてカットし、カットした布の端をミシンで縫うだけ。これで6枚のコースターができました。お気に入りのモノは末永く使いたい。手放す前に、何かほかに使い道はないか？ と立ち止まることが大切だと思っています。

エコ
5
レシピ

ヘルシー＆簡単おやつ

子どもたちに食べさせるおやつは、より食材にこだわります。自然の甘さを生かした健康的なおやつ。作り方が簡単で、お腹にたまるものが定番です。

さくさく食感がおいしい定番おやつ

パン耳ラスク

近所のパン屋さんでいただけるパンの耳。これを使って作るパン耳ラスクは、食べごたえもばっちり。まず、パンの耳にバターをのせて、トーストします。バターが溶けたらたっぷりてんさい糖をかけて、もう一度トーストします。食べたいサイズにカットして。

食物繊維たっぷりでヘルシー

寒天のおやつ

市販のゼリーやプリンを買っていた時期もありましたが、寒天パウダーの使い勝手のよさにハマりました。寒天には食物繊維が含まれるので、便秘気味の子どものおやつに最適です。寒天パウダーは、牛乳と砂糖で混ぜればミルク寒天に、100%のフルーツジュースと混ぜればゼリーに。アレンジは無限大なので、常備している食材のひとつです。

①

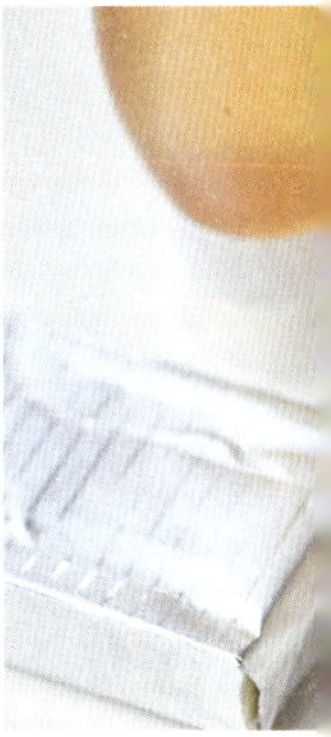

②

③

④

お好みのフレーバーを選んで

ポップコーン

手作りおやつの中でもっとも安上がりなのが、こちらのポップコーン。ポップコーンの種はスーパーで100円くらい。でも、味を変えれば何倍も楽しめます。我が家で人気のポップコーンのフレーバーは4種類。①家族みんな大好き！はちみつバター味 ②ほどよい甘さのメープルシロップ味 ③おつまみにもいい、塩気のあるカレー味 ④ブラックペッパー多めの塩こしょう味。どれも、種をフライパンで熱してポンポンはじかせ、最後に調味料を加えれば完成します。

芋の種類によって
異なる味わいを楽しめます！

素材そのものの味を満喫

ドライプルーン&干し芋

太陽の恵みを感じられる、自然派おやつ。干し芋はさつまいもをゆでて、皮をむき、5日ほど天日干し。くず芋という小さめの芋を使うと、スライスする手間がはぶけ、子どもも食べやすい。ドライプルーンは、プルーンと砂糖を入れて土鍋で30分くらい煮込み、バスタオルに包んで保温します。一晩おいて、柔らかくなっていたら、4〜5日天日干しすれば完成します。

エコ
6
レシピ

心安らぐほっこりドリンク

ミネラルウォーター以外のペットボトル飲料やジュース類をめったに買いません。ドリンクもほぼ自宅で作っています。中でも、酵素シロップと甘酒はアレンジ無限大。どちらもおいしくって健康になれるほっこりドリンクです。

果物に砂糖を入れて毎日かき混ぜるだけ！

酵素シロップ

みずみずしい旬の果物の栄養素をそのまま取り入れられる、フルーツ酵素。シロップのように使えるので、炭酸で割ったり紅茶に入れたり、ワインに混ぜてサングリアにと幅広く楽しめます。

用意するもの

- 季節の果物（数種類）…適量（写真左…キウイとレモン、右…イチゴとりんご）
- 砂糖…上記総重量の1.1倍

\ HOW TO! /

お好みの果物をぶつ切りにして、砂糖と一緒に清潔なフタつきのビンに入れる。毎日キレイな手でかき混ぜて、冬なら3週間、夏なら1週間くらい置いて発酵させる。フルーツを濾《こ》し、保管する場所は直射日光の当たらない、涼しい場所が◎。発酵が進むと吹き出すことがあるので、フタはゆるめておくと安心。1か月で飲み切ってください。

ミルキーな甘さが魅力の栄養ドリンク

甘酒

甘酒は〝飲む点滴〟といわれているほど、栄養満点で美肌や疲労回復にもいいのだそう。いろんなドリンクに足せばおいしさ倍増！　甘酒という名前ですが、アルコール成分はなく、ミルクに近い味わいなので、子どもも好きな飲み物です。

用意するもの

・白飯…茶碗に軽く1杯
・米こうじ…1袋（200g）
　＊今回使用しているのは玄米こうじ
・水…600cc

＼HOW TO!／

1　鍋に水を入れて65℃くらいまで温める。

2　鍋に米こうじと白飯を加え、少し混ぜて、魔法瓶などの保温ポットへ移す。

3　一晩置いて発酵させる。おかゆのような形状になればOK。なめらかな舌触りがお好みならブレンダーをかけると飲みやすくなります。

甘酒ミルクコーヒー

キレイな2層にするにはたっぷりの氷と濃いめに入れたアイスコーヒーがポイント。甘酒がガムシロップ代わりになり、コクのあるおいしい1杯になります。

用意するもの

- 甘酒…50cc
- 濃いめのアイスコーヒー…50cc
- 牛乳…100cc

甘酒抹茶メープルラテ

粉末の抹茶はお湯で溶かしておき、牛乳、甘酒、メープルシロップと混ぜてグラスにそそぐだけ。ホットでもおいしい組み合わせです。

用意するもの

- 甘酒…コップ半量
- 抹茶粉末…ティースプーン半分
- 牛乳…コップ半量
- メープルシロップ…大さじ1

甘酒ハニージンジャー

すりおろしたしょうがと砂糖を煮詰め、ガーゼなどで濾し、仕上げにハチミツを入れて、ハニージンジャーシロップを作る。温めた甘酒にシロップを大さじ1加えれば出来上がり。しょうがやハチミツの効果で、体もより温まります。

用意するもの

- 甘酒…コップ1杯
- ハニージンジャーシロップ…大さじ1

4章

食材を「使い切る」「使い回す」

みかんは皮をむいたら中身だけ食べる。
以前の私はそうでした。
でも、食材を使い切ったり、
使い回すようになってからは、
これは何かに使えないだろうかと、
立ち止まることができるように
なりました。
少しの工夫で、
エコな暮らしは可能なのです。

「いつも元気、いつまでも健康に」。そんな家族への想いが我が家の食卓を変えました。安全で、本物（こだわり）の素材を手にいれようと思うとやっぱり高価な物が多い。でも実家が農家だからよくわかるのですが、手間や時間をかけて育てるとどうしても高くなってしまう。父が出荷しているナスを「子どもだと思って一生懸命育てている」と言っていたのが印象的です。そうしてできたナスは柔らかいし、味が濃い。そんなことから家族にも安全でおいしいものを食べてもらうためには、素材選びにこだわることが大切だなぁと思っています。手間ひまかけて

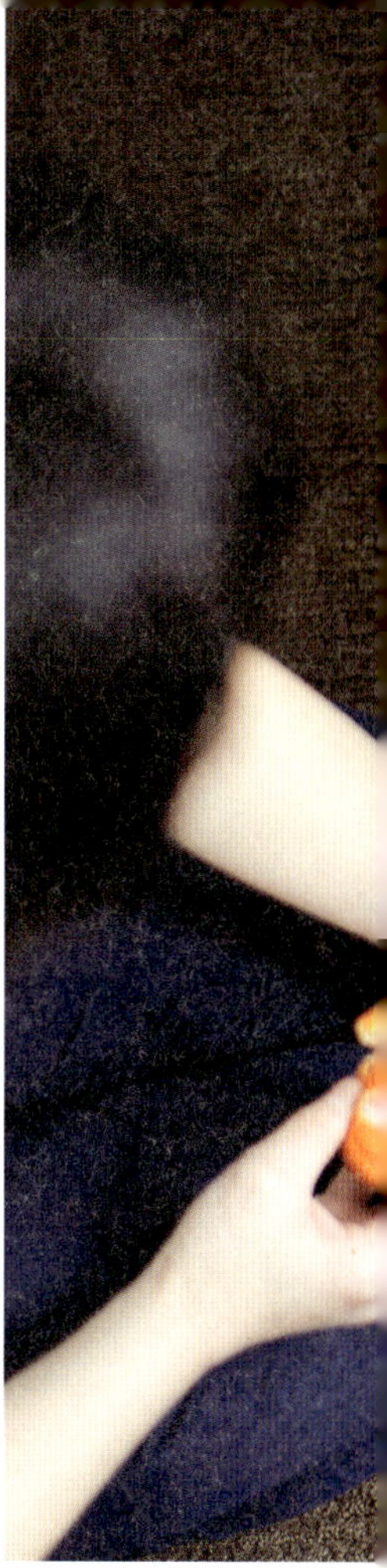

一生懸命作られたものは、使い回しておいしくいただきたいし、最後まで使い切りたい。生産者への感謝の気持ちを生かすのも、ムダにするのも自分次第だと思っています。

「使い切る」「使い回す」は、ひと昔前までは当たり前のようにやっていたこと。でも便利になりすぎた今は完成品ばかりになってアレンジする力が弱くなっていると思います。昔からある食材でも、ちょっと工夫をするだけで子どもにも喜んでもらえるものになる。「使い切る」「使い回す」喜びや楽しさを知ってもらえたらと思います。

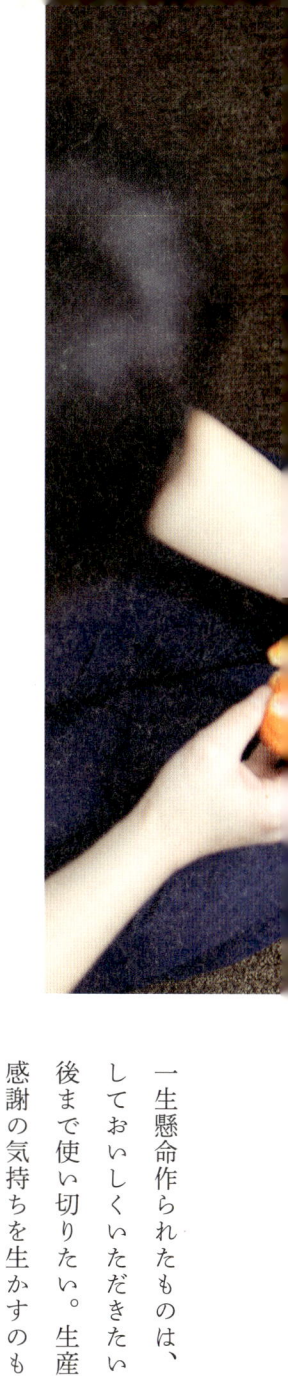

大根を使い切る

大根を1本買ってきても使い切れないと思ったら、切り干し大根作りをオススメします。大根は部位によって甘さが違います。先の部分は辛みが強く、切り干しや漬物向き。中央は水分たっぷりなので煮物などに。上の部分は1番甘いので大根おろしやサラダに。ちょっとした知識があれば、調理の幅が広がり、食材を効率的に使い切れるのです。

大根の使い切り

① 切り干し大根

＼干し方／

1　切り干し大根には、辛みがあり水分が少なめの、大根の先の部分が適しています。ピーラーで薄くスライス、包丁の場合は輪切りにしてから拍子木切り。ザルにのせて天日干しします。

2　乾燥する冬なら、ピーラーの場合2～3日外に干せば切り干し大根が出来上がります。季節や切り方によって日数は異なりますが、カラカラに乾いたら完成です。

水で戻して、切り干し大根の煮物にしたのがこちら。そのほか、戻した切り干し大根を細かく刻んでサラダのトッピング、お味噌汁に入れても。そのまま食べるよりも、一度太陽にあてたほうが栄養価が上がるものって多いんです。“野菜を干す”という工程は、長期保存に不向きな野菜を、1年中食べられるようにと考えられた、まさに昔の人の知恵。

② 大根の葉炒め

＼ご飯のおともとしても／

材料

- 大根の葉…1本分
- 豚ミンチ肉…80g

大根の葉を細かく刻んで、ひき肉と一緒に炒め、しょうゆとみりん、砂糖を各大さじ1ずつ入れて煮詰めれば出来上がり。我が家では、おにぎりの具として活躍します。大根の葉は、鉄分やカルシウムがたっぷり。ミネラルやビタミン類を摂取するのにもとっても優れています。葉つきの大根を見かけたら、ぜひ買って有効活用してみてください。

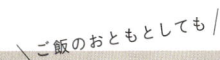

柚子を使い切る

実家には立派な柚子の木があります。これが我が家では、いろんなシーンで登場します。果汁をベースにした調味料、皮を活用した自家製シロップ、種がポイントの化粧水。余すことなく使える、優秀な食材。どれも簡単に作れるので、柚子がたくさん手に入ったら皆さんもぜひ試してみてください。

柚子の使い切り

① 柚子シロップ

柚子5個に対して、てんさい糖は約200g使います。柚子の皮を細かく刻み、保存容器に柚子とてんさい糖を交互に入れてミルフィーユ状に。ひと晩置くと完成します。紅茶割り、炭酸割りなどに。

② 柚子酢

しぼった柚子果汁の分量と同じだけ酢を入れて完成。柚子の数やしぼれる果汁の量によってできる量は変わります。酢を入れて作るので、冷蔵庫に入れておけば半年以上使えます。おもに柚子ポン酢を作るときに使います。

③ 柚子こしょう

柚子（3個くらい）は表面の皮だけをすりおろします。このとき、皮の裏側の白いところまですりおろさないのがヒケツ。種をとった青とうがらし（6本）をブレンダーで細かくして、柚子と塩（20g）を混ぜて1か月くらい冷蔵庫で寝かせれば完成。

＊青とうがらしを扱うときは、メガネ、マスク、手袋をした方が安心です。

④ 柚子味噌

果汁を使うので、柚子をしぼっておきます。白味噌、てんさい糖を鍋に入れて3分間くらい火にかけて、溶かします。さらに柚子果汁とみりんを加えて混ぜ、固くなってきたらOK。野菜にディップすると美味。ふろふき大根やこんにゃく芋にそえるのもオススメ。

⑤ 柚子化粧水

柚子の種と200mlの焼酎（アルコール度数25％以上）を混ぜるだけ。種が多く焼酎が少ないほどプルプルの美容液仕様になり、種が少なければさらっとした化粧水に。使うときは、1:1の水で薄めたほうが肌がピリピリせず、安心です。美白効果も！

＊水で薄めたら、冷暗所に置き、1週間くらいで使い切りましょう。

みかんを使い切る

みかんをおいしくいただいたら、残った皮は生ごみとして処理。でも、そのゴミだと思っていた皮が、実はいい仕事をしてくれるんです！　アレンジ次第で、おやつから掃除グッズまで。〝オレンジピール配合〟と書かれた掃除用品、ドラッグストアでよく見かけませんか？　これはつまりみかんの皮のこと。ここでは、皮を使って楽しむレシピを紹介します。

みかんの使い切り

① 夏みかん皮ピール

無農薬のかんきつ類（レモンや甘夏など）が手に入ったときは、皮まで楽しむチャンス！ 立派なおやつに変身します。まず、柑橘類の皮の裏の白い部分をすべて取り、鍋に水と皮を入れて煮立てます。沸騰したらお湯を捨て（＝ゆでこぼす）、これを2回くり返し、苦みを取ります。刻んでてんさい糖（ゆでこぼし後の皮の重量の7割）で煮て、新聞紙の上で丸1日乾燥。べたつきを取るため、仕上げに粉糖をまぶしましょう。

② みかんの皮入浴剤

＼こうやって作る！／

みかんの皮をむいて、ざるにのせて2〜3日干しておくと、即席入浴剤に。保存がきくので、年中みかん風呂に入れます。ガーゼなどに皮を包んでお風呂に入れれば、ほのかに香りが漂い、いい気持ち♪ カラダもあたたまり、美肌効果も。

③ みかん皮スプレー

＼こうやって作る！／

みかん皮スプレーは、保存料などが入っていないので、使いたいときに使いたい分だけ作りましょう。大体私は、みかん2個くらいを使用。皮を沸騰したお湯に入れて煮だして、冷めたらスプレーボトルに。

床の水拭きは週1でやっているのですが、そのスペシャルケアとしてこのみかん皮スプレーを使って床磨きをしています。ワックスがけの効果があるので、床にスプレーして磨くと、心持ちツヤっとします。

梅を使い回す

梅雨の季節はあまり好きではなかったのですが、梅仕事をするようになってから待ち遠しく感じるようになりました。なぜなら、この雨で梅の実が育つからです。6月に入るといろんなお店で青梅が並びはじめ、その様子を見るだけで気分が高まります。手作りの梅干しに梅シロップ……。「さて、何を作ろう」と、考える時間はとっても楽しい。梅は疲れを取ってくれたり、エイジングケアにも効果があったり、健康面でも頼りになります。

①梅干し

1　6月、青梅が手に入る時期にスタート。梅1kgを水で洗い、水気を切る。つまようじでヘタを取っておく。

2　煮沸もしくはアルコールで消毒した野田琺瑯のストッカー（ガラス製の容器でもOK）に梅を入れて、粗塩100g、氷砂糖100g、ホワイトリカー50mlを混ぜたものをまんべんなくからめる。

3　保存袋に水を入れて重しとして、梅の上に乗せ、冷暗所に保管。8月の日光の強い日に、ざるに梅を広げて2日間干す。

4　天日干ししたら、完成。フード付きのざるがあると、虫の心配もナシ！ 時間はかかるけど、工程は少ないので簡単に作れます。

②梅しょうが番茶

カップに梅干し1個、しょうゆ小さじ1を入れて番茶1杯分をそそぎます。そこにしょうがをすりおろして入れるだけ。カラダがほっとほぐされ、芯からあたたまるスープのようなドリンク。梅干しをつぶしながら飲んでください。

③梅シロップ

「ちょっと疲れたな～」というときに炭酸水で割れば、パワーみなぎるエナジードリンクが完成します。よく洗った青梅1kgは、つまようじでヘタを取ります。煮沸もしくはアルコールで消毒したビンに梅→氷砂糖→梅の順に重ね、最後に酢を大さじ5を加えて、3週間毎日ビンを振る。砂糖が完全に溶けたら出来上がり！

おからを使い回す

おからの魅力に気づいたのは最近のこと。とうふを作るときに出るカス、という印象だったのですが、食物繊維たっぷり・低カロリー・激安とくれば、上手に取り入れてみたいと思いませんか？　おとうふ屋さんに行けば生おから、自然食品屋さんならおからパウダー（P100）という便利なものがあります。おかずにもおやつにもなるので、使い回しを考えるのが楽しい食材です。

① おからナゲット

鶏ひき肉200g、おから80g、卵1個、しょうゆ大さじ1、マヨネーズ大さじ3、小麦粉大さじ3、塩こしょう少々。すべてボウルに入れて混ぜ、ポリ袋に入れ筒状に。約3時間冷凍庫に入れ、包丁がさくっと入るぐらいの固さになったら輪切りにし、きつね色になるまで両面揚げます。これを作るようになってから、子どもと一緒にファーストフード店には行かなくなりました。

② おからサラダ

おからを洋風に味わえるレシピ。小エビ（7尾）に火を通し（ゆでるもしくは蒸す）、3等分しておきます。おから100gと海老を和え、オリーブオイル大さじ3、マヨネーズ大さじ3を混ぜて、塩こしょうで味を整えれば完成。

③ おからときなこのショートブレッド

おからときなこが入っているので、栄養満点。子どもにも「どんどん食べてね」と気持ちよくいえるおやつです。生地を冷蔵庫で2回ほど寝かせたりと、時間こそ少しかかりますが、作り方は簡単。冷めても保存袋に入れておけば、ふんわりしておいしいんです。

＼ こうやってつくる！ ／

粉もの（小麦粉150g、片栗粉30g、ベーキングパウダー小さじ1）は合わせてふるっておく。バター100gを常温に戻し、ボウルに入れて白くなるまでかき混ぜる。おから100g、砂糖20g、きなこ大さじ3を入れて、さらに粉ものを混ぜ合わせてメープルシロップ大さじ3を加えます。そぼろ状になったら1つに丸めてラップで包み、冷蔵庫へ（20分）。ラップに生地を置き、もう1枚ラップを重ねて1cmぐらいの厚さに伸ばし、再び冷蔵庫で20分寝かせます。生地をナイフで好みのサイズにカットし（フォークで生地に穴を開けると可愛く仕上がる）、170℃に予熱したオーブンで30分焼けばOK。

大豆を使い回す

大豆は〝畑のお肉〟といわれるほど、たんぱく質が豊富。ビタミン、ミネラル、女性にとってはうれしいイソフラボンもたっぷりで、食卓に取り入れたい食材のひとつです。でも、そう頭で思っていても、豆乳やとうふ、納豆などの加工食品を手に取るばかりで、大豆自体を買う機会は少なくなっていませんか？　調理も楽だし保存がきくので、常備しておくと便利です。

大豆の使い回し

① 大豆ミックスサラダ

大豆は、一晩水に浸しておき、翌日鍋に移してたっぷりの水で10分ほど煮込みます。大きめの保温ポットに入れ、1日置けばおいしく食べられます。葉物を使ったサラダに加えるだけで完成するミックスサラダは、大豆のおかげで食べごたえもアップ！

② きなこ

大豆をフライパンで炒り、皮が少し弾けて香ばしいにおいがしてきたら、火から下ろす。粗熱が取れたら、すり鉢ですります。我が家の場合はマルチブレンダーのミルサー機能で少量ずつかけて細かくし、粉状に。砂糖を入れなくてもそのままでおいしい、自然の甘さを味わえる自家製きなこの完成です。

＼これでできる／

③ みそ

1　大豆300g、米こうじ300g、塩100gを用意（味噌1kg分）。器に大豆と水を入れてひと晩ふやかす（12時間くらい）。ひと晩置いたら大豆を大きめの鍋に入れ、やわらかくなるまで煮る。水がなくなったら足し、指先で軽く押してつぶれるくらいになれば、OK。

子どもたちも楽しそうに手伝ってくれます！

2　大豆をおたまなどでつぶします。大きめのビニール袋に入れて足踏みをしてつぶしても。

3　こうじをほぐし塩と混ぜておく。**2** の大豆が煮上がるまでにやっておくとスムーズ。

4　**2** と **3** をよく混ぜ合わせ、ある程度混ざったら、仕上げに大きめの保存袋に入れ、手でもんでさらに混ぜる。耳たぶくらいのやわらかさが目安。

5　保存袋を2重にして半年ほど寝かせば完成。日の当たらない涼しい場所に保管してください。少量なら味噌作りもとっても簡単！

小豆を使い回す

小豆には、食物繊維が豊富に含まれているので、便秘やむくみの解消や、ビタミンB_2により代謝が上がるので、美肌効果なども期待できます。小さい頃、私はあまりあんこが好きではなかったのですが、自分で作って初めてそのおいしさに気づきました。砂糖を控えめにして、甘さを好みで調整できるのも、手作りの醍醐味です。

小豆の使い回し

小豆300gを1時間水につけ、鍋で煮るだけで作れるあんこ。鍋で煮ながら水分がなくなってきたら、そのつど水を足して煮る。それを小豆がやわらかくなるまでくり返します。やわらかくなったら砂糖を200g、塩少々を入れて水気がなくなるまで煮れば、出来上がり。

① あんバタートースト

トーストしたパンに、手作りしたあんことバターをのせるだけ。バターも自宅で作っているので、あんこ×バターでもお腹に重くなりすぎず、いくらでも食べられちゃう！ ちょっぴり贅沢気分を味わえるトーストです。

② 抹茶あんこラテ

抹茶粉末を少なめのお湯で溶かしておきます（エスプレッソぐらいの濃いめがオススメ）。あんこ（ヘラで潰して、こしあん風にしておくと飲みやすい）→氷（たっぷり）→牛乳→抹茶の順番でゆっくりそそぐと、キレイな3層になり、見た目にも美しい！

③ 小豆カイロ

小豆はおやつやおかずだけではなく、くり返し使えるカイロとしても使えます。小豆は適度な水分を含んでいるため、私は小豆300gを電子レンジで50秒チン（600W）しています。布はコットン100％（化繊が入ると電子レンジで溶ける場合があるので、注意！）。アイピローのほか、首や肩、腰、お腹を温めることができるすぐれもの。市販の温熱シートと同じ役割が小豆でできてしまいます。ゴミも出ないエコなカイロ。ひとつ持っていると肩こりや生理痛がやわらぐこと間違いなし。

COLUMN3

常備食材は選び方を工夫する

何かと便利な常備乾物

食べきれる分だけ持つことを心がけている私が唯一常備しているのが、乾物をはじめとしたこれらの食材。生おからは、最近売っているところが少ないし消費期限が短い。でもおからパウダーなら自然派食品のお店で買え、日持ちするのでいつでも使えます。「うずまきの麩」は、通常の麩より収納場所を取らないところがメリットだったりします。味が染みてくたっとなるのがおいしいのか、子どもたちにも人気の食材です。小豆や大豆などの豆類は必須。我が家の食卓に並ぶ率の高い食材です。他にもワカメ、ひじき、塩昆布、鰹節、白ごまなども常備している乾物です。

小分けパックが
ポイントの調味料

揚げ物をあまりしないので、めったに使わない中濃ソースはお弁当用。ケチャップも、ナゲットやオムライスを食べるときだけ使うので、同じく小分けパックで十分。また、トマト缶は3倍濃縮のトマトピューレや6倍濃縮のトマトペーストにすることで、保存場所もとらず、わざわざ缶の日を待って捨てる必要がないので愛用しています。イタリアンドレッシングの素は、オリーブオイルを加えるだけで、本格的な味が楽しめます。

5章

エコにつながるビューティー&ファッション

スキンケアアイテムも手作りすれば安心で安上がり。
服は厳選したお気に入りだけを持てば、
すべてに目が行き届くようになる。
メンテナンスの時間も愛おしく、
その結果、長く大切に着るようになる。
口に入るもの同様、身につけるものもまた、
良質な素材を必要な分だけ持ち、着倒したり、着回したり。
エコを意識したビューティー&ファッションは
工夫次第で楽しくなります。

エコな生活を始めて、食生活が変わったことで、カラダの中も外も健康になりました。以前は食生活が乱れていたせいで肌荒れがひどく、それを治すために皮膚科に通い高額なスキンケア用品を使ったり、カバー力があるメイク用品をデパートで買うなど、かなりお金をかけていました。でも今は最低限のケアで十分になり、美容にはお金をかけずにすんでいます。食べ物同様、良質な素材を選んで、自分で手作りする方法を選んでいるのです。洋服については、着ていて心地よい素材を知っておくことが大切だと思います。化学繊維が入ると、静電気が起きやすく、

毛玉にもなりやすい。安いだけがメリットで着心地が悪いとどうしても袖を通す機会が減りがちです。服を買うとき、値段だけでなく、素材タグを見ることが重要。夏だったら、コットンやリネン、冬ならウールやカシミアなど天然素材100%の服を買うことにしています。なんにせよ、本物は〝高い〟のです。でも長く愛用するためにオールシーズン着回せるようなもの、丈夫で着心地の良い素材を選ぶことができれば、ムダな浪費も減ります。そして1枚1枚を大切に着たいと思えるので、結果エコにつながるのです。

“シンプルで低コスト” それが続けるために大切なこと

スキンケアのステップは、いたってシンプル。化粧水と万能クリーム、週に一度の米ぬかパック（P59）。デパートやドラッグストアで新商品を買い込んで過剰にケアしていた頃よりも、今のほうが肌の調子はとても良いのです。

Beauty

こだわりのお手入れアイテムを紹介！

① リンスインシャンプー

すすぎが1回ですむ“リンスイン”がうれしい

最近愛用しているのが、こちらの“自然葉シャンプー”。上質な天然由来のアミノ酸で作られているので、髪や肌にとってもやさしい。泡パックをすることでトリートメント効果も高く、リンス不要なので、これ1本で洗い上がりも抜群です。

② 美肌水

用意するもの
- 尿素…3g
- グリセリン…10g
- 水道水…200ml

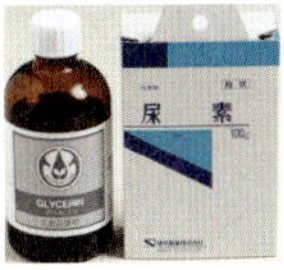

＊尿素やグリセリンが合わない肌の方もいます。使用前に必ずパッチテストを行ってください。手作りですので、保存料は入っていません。使用期限は、冷暗所で保存し、1週間です。使用期限は必ず守ってください。

＼HOW TO!／

250mlが入る容器に尿素を入れ、水を加えてよく振る。尿素が完全に溶けたらグリセリンを入れてもうひと振り。

↓

＼完成／

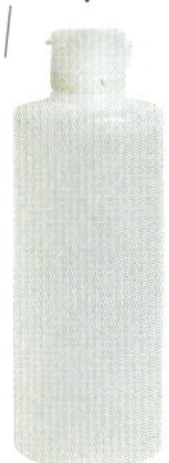

これだけ簡単なので、材料さえ自宅にあれば買いに行くより早いし安いです。何よりケチらず思う存分たっぷり使うことができます。

＼柚子化粧水をプラスして、マイアレンジ！／

← 柚子化粧水 ＋ 美肌水

＊私の肌にはちょうどいいですが、すべての方に合う方法とは限りません。1週間ほどで使い切ってください。

③ 万能クリーム

用意するもの
- ホホバオイル…5g
- 100%オーガニックシアバター
…15g

＊お好みで自分の好きなエッセンシャルオイル（100%天然のもの）…2滴

＼完成／

＊涼しい場所で保管しましょう。使用期限は1か月です。

＼HOW TO!／

1　ホホバオイルとシアバターをアルミ缶（100円均一ショップで購入。熱に強いので便利）に入れ、湯せんして溶かし、軽く混ぜる。

2　2分くらい湯せんするとトロトロになり、色も透明に。仕上げにエッセンシャルオイルをたらし、冷凍庫で20～30分固める。

万能クリームは髪のお手入れにも

顔や手のほか、髪にも、万能クリームを活躍させています。少量を指で取り、髪にもみこむように。オイルの効果でつやのある髪に仕上がります。

万能クリームはバッグのお手入れにも使える

万能クリームは、バッグや靴磨きにも使っています。お手入れは大体3か月に1回くらい。最初にウエスを水に濡らして固く絞り、バッグについた汚れを優しく拭き取ります。次に、万能クリームを別のウエスに少量取り、すりこんで保湿していきます。薄く伸ばすくらいで十分キレイに。

＊革の素材、状態により万能クリームが合わない製品もあります。目立たない部分で試してからお使いください。

Fashion

デイリーで使う通勤服、全部見せ

SPRING

無地とストライプがあれば手軽に印象チェンジ

保育園の送迎で自転車に乗るので、通勤服はパンツルックが基本。ガウチョはベーシックなネイビーとベージュを色違いで。トップスはネストローブのリネンシャツ。柄と無地を1枚ずつ持っていれば気分を変えられます。

SUMMER

夏に重宝するのは、ガシガシ洗濯できる素材！

ガウチョは春と同様。トップスは、ビショップで買った白シャツとル グラジックのパフスリーブシャツ。型崩れしにくい厚手のコットンや、しわが目立ちにくいチェック柄なら、アイロン不要で気兼ねなく洗濯できます。

AUTUMN

クリーンな印象に見える色が通勤服には最適

飽きの来ないシンプルなガウチョは春〜秋までフル稼働！ ジムフレックスのニットは清潔感のあるオフホワイトとネイビーの2色買い。コットン100%のニットなら自宅の洗濯機でも洗え、手入れしやすい。

WINTER

あたたかく、着心地のいい服で冬の通勤をクリア

秋に活躍したニットの中に、ユニクロ×イネス・ド・ラ・フレサンジュやMHL.のネルシャツを。ネルはあたたかく、しわになりにくいので重宝。シャツのえりはラウンドが定番！ パンツは、ウール100%もしくはカシミアとの混紡を選んで寒さ対策もバッチリ。

Fashion

ワンピースって便利

トップスとボトムスをそれぞれ持たなくても、ワンピースが1枚あればそれだけでコーディネートが完成します。1枚で着る、シャツのように羽織る、トップスと合わせてスカート風に。着回し力が高いので、必要以上に服を持たずに過ごせるアイテム。ここでは、私が所有している4枚のワンピースと、1年間の着回しスタイリングをご紹介します。

私のワンピースCOLLECTION

マーガレットハウエルのシルクワンピース

コットンシルクで光沢があるので、結婚式や学校行事などフォーマル用として買いました。でも、合わせるものによって普段使いもできるカジュアルさが魅力。

ノーブランドのノースリーブワンピース

洗濯のしやすいコットンリネン素材が高ポイント。1枚で着たりレイヤードしたり、着回し力も抜群です。ノースリーブだけど、オールシーズン活躍させています。

マキマロのカシュクールワンピース

野草や樹皮などで手染めしているマキマロのリネンワンピース。天然素材ならではのやさしい風合いがステキ。カシュクール風なので、着方もいろいろ。

ネストローブの前ボタンワンピース

ワンピースはひざ下丈で、ウエスト切り替えが高めのほうが、シルエットがキレイ。こちらは前ボタンなので、上の写真のようにコート代わりにもなります。

\ 1年中活躍するお気に入りのワンピース！ /

ゆったりしたワークパンツも白ワンピースと合わせれば、メンズっぽくなりすぎません。コートのようにさらっと羽織ってカジュアル仕上げ。

シャツとデニムの着こなしの上から、ワンピースをゆるく前留めしてラフに。ストールもマキマロのもの。草木染めの自然なピンクがワンピースとマッチします。

ワンピースの上にカーディガンを着て、ボタンを前留め。スカート風の着こなしもできます。アクセントになるストールはボリュームを出してバランスよく。

カシュクールワンピースの袖を腰巻きしてスカート風に。さりげなくウエストマークできるのがポイント。足もとはカラーソックスで夏らしく。

Fashion

冷え取りライフで足もとおしゃれを楽しむ

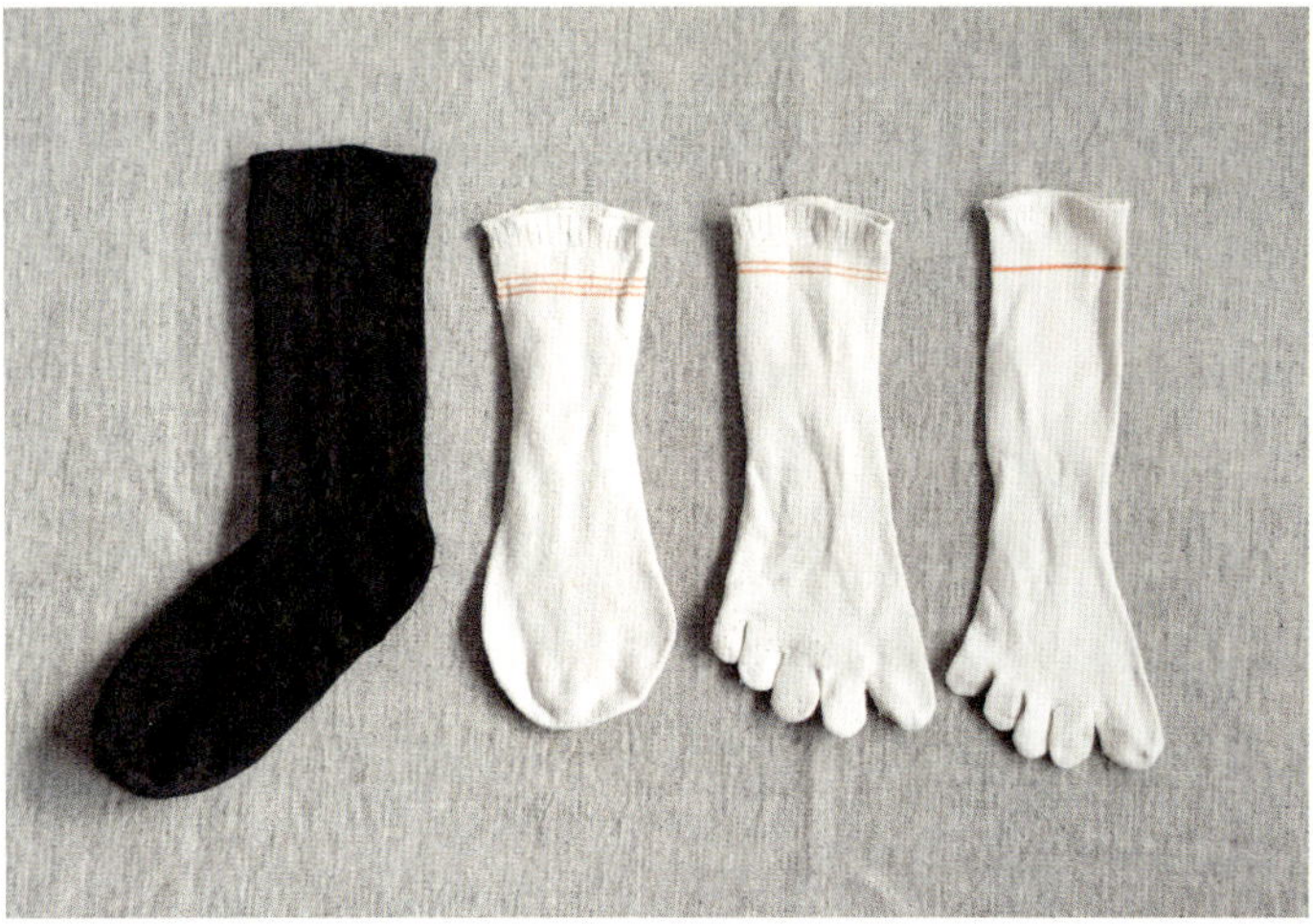

家族の中で私だけ冷え性で、自宅の冷暖房の調整に少し気を使ったりすることもありました。そこで、2年くらい前からマイペースに冷え取りをスタート。足もとを温めるために、冷え取り用のソックス（「冷えとりくん」）を4枚重ね履きしています。夏ももちろん4枚履き。このおかげで、体温が約1℃上がり、寒さに強くなりました。エアコンに頼ることが減り、結果、エコにつながっています。

冷え取りライフの足もとコーデは？

ビルケンシュトックのいいところは、重ね履きする靴下の枚数に応じて、ベルトの穴でサイズ調整が可能なところ。夏らしく4枚目のソックスに色を選べば、おしゃれな足もとに。

SUMMER

WINTER

冷え取りの難点は、靴下の重ね履きによって、足首が太く見えること。このトリッペンのショートブーツなら足首の部分にボリュームがあるデザインなので自然に見せられます。

Fashion

プチアレンジで自分らしくおしゃれを楽しむ

ボタンの糸を変える

最初は、夫が休日着のリネンシャツでやっていたアレンジ術。シャツの一番上のボタンの糸を、白から赤へチェンジ。それだけでちょっとしたアクセントになり、気分も一新します。

シューレースをチェンジ

もともとついていた靴ひもに飽きてきたら、シューレースを替えてみると印象ががらりと変わり、手持ちの靴がさらに愛おしくなります。アメリカンアパレルは、シューレースの種類が豊富です。

えりを自分好みにアレンジ

私はシャツのえりはラウンドかスタンドカラーが好き。でも、気に入ったシャツのえりが違う形をしていたら……自分で変えてしまいます。えりを内側に折りこんで、縫うだけ。簡単に、スタンドカラーに変身！

Fashion

靴はお気に入りを6足

③

レインブーツ

雑貨屋さんで購入したガーデニング用をレインブーツとして。アメリカンアパレルで買った靴ひもをつけ替えて自分らしく。軽くて見た目もレインブーツっぽくないので、雨が降りそうな日でも気軽に履いていけます！

④

トリッペンのショートブーツ

履けば履くほど味わいが出る、美しいレザーのショートブーツ。履き口をちょっと折り返したり付属のベルトで表情が変わるので、洋服の雰囲気に合わせて変化させています。

①

ビルケンシュトックのサンダル

ビルケンシュトックはこの「フロリダ」というデザインが好きです。履きやすく、歩いてもパカパカしない。夏でも冷え取りソックスを重ね履きするので、ベルトで調整できるこのタイプがベスト。

②

トリッペンのレースアップシューズ

年間通して通勤靴として大活躍のシューズ。サイズがぴったりで快適に歩けるものって実は少ない。でもこれは、毎日のように履ける貴重な1足です。靴ひもは自分で替えてプチアレンジ。

⑤

アサヒウォークランドのレザースニーカー

アサヒウォークランドのシューズは、「日本人の足にさらなる快適を」というコンセプトで作られているので、機能性ばっちり。レザー素材のスニーカーなら、カジュアルすぎず、きちんと感も出せます。

⑥

Repettoのバレエシューズ

バレエシューズの定番・Repettoは、カジュアルにもフォーマルにも使えるお気に入りの1足。足のフィット感もよく、軽い履き心地。ブラックは足元を締める効果もあり、ここぞというときに力を発揮してくれる、頼れるアイテムです。

Fashion

フル稼働するバッグはこの5つ

①
レザーのかごバッグ

「普通のかごバッグかと思いきや、実はレザー！」という意外性に惹かれて購入した、ドラゴンのメッシュレザーバッグ。かごバッグに比べてお手入れもラクだし、スカートにひっかかったりせず、快適に使えます。レザーだから春や秋の洋服とマッチするのもうれしい。

4

カンケンのリュック

子どもと公園に行くときに色々入れたり、一泊旅行のときに活躍させています。リュックなのにシンプルで軽く、手持ちできるのが便利。黒のボディ×茶レザーの持ち手という、ユニセックスさが気に入っています。夫と一緒に愛用中！

5

お財布ショルダーバッグ

お財布ショルダーは、モノを必要以上に持たないという私の必須アイテム。レザー職人の友人にオーダーしたダークブラウンのショルダーは、MLP–Moz Leather Products–のものです。

2

パーティーバッグ

アーバンリサーチのミニバッグは、結婚式などパーティーのときにお役立ち。小ぶりなサイズ感とチェーンの持ち手が、上品に見えます。小銭入れ、ハンカチ、ティッシュ、スマホと最低限のものを入れて利用しています。

3

オーシバルのキャンバストート

こちらのトートバッグは、通勤用。お弁当やマイボトルを入れるので、自立するタイプが理想でした。時々仕事の書類を持ち帰ることがあるのですが、これならすっぽり入る！ 汚れたらブラシでこすり、ケアして使っています。

Fashion

お財布ショルダーが手放せない！

お財布ショルダーは子どもに気をとられても貴重品だけは常に身につけておくことができるママの必需品。財布兼バッグ。2役をこなしてくれるので、通勤もプライベートもこれひとつで出かけられます。

中身をご紹介！

このショルダーは、先に持っていた黒のジェイダブルホルムのものと同サイズで、さらに私が使いやすいように発注した完全オーダーメイド。中にポケットが6つ、カード類の出し入れがしやすいように縦型で作り、さらにキーリングも取り付けました。ショルダーは取り外しできるので、長財布としても使えます。奥に家計、手前に自分のお小遣いが定位置です。

ちなみに…

家計管理はこちら

家に置いているジャバラ式のポーチには、1か月分の現金払いの生活費を入れています。10日で15,000円ずつ使うのがルール。だから、1つの仕切りに15,000円ずつ入れて、ぱっと見てわかりやすく。ここからお財布ショルダーに移して、日々やりくりしています。

COLUMN 4

祖母から私、そして娘へ
譲り受けたものを長く愛用する

我が家には私の実家から譲り受けてきたモノがあります。代々捨てずに取っておいたもの。正直、20代の私だったらさらっと素通りしていたと思います。でも、昔から愛されてきたものを大事にしたいという気持ちが芽生えた今、新品にはない味わいがとても魅力的に私の目に映ったのです。

旅行用のトランク、嫁入り道具を入れてきた竹製かご、ピクニックバスケット。実家から譲り受け、自宅に招き入れたこれらの品は、現在クローゼットで活用しています。モノがあふれていた数年前は、絶対に使いこなせなかったと思います。モノを減らしたおかげで、クローゼットの中にも余裕ができ、今はこれらの

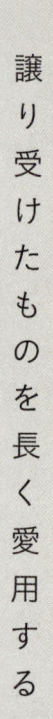

ピクニックバスケットや竹かごは、いずれも50年以上前のもの。日本の職人による手作りの品は、長いときを経た現在でもしっかり使える。

娘がお出かけで使っているこちらのショルダーは、私が以前使っていたお財布ショルダー。新調するタイミングで譲りました。自分が大切にしていたものを娘が受け継いでくれるのは、喜ばしいこと。長く使えるものを選ぶと“譲る”という、うれしいオプションがついてきます。

かごに洋服やバッグが呼吸するかのようにふんわりと収まっています。手入れをしながら無理せず長く使い続けることこそ、エコな暮らしの醍醐味なのだと思っています。

おわりに

幼い頃の舌の記憶って、意外と大人になってからも続くものだと思っています。
小さい頃、母が作ってくれたチョコクロワッサンがおいしくて、
今でも鮮明にそのできたてのあたたかなクロワッサンの感動を覚えています。
この本は、私と同じ乳幼児を持つママに手作りの
おいしさと楽しさを知ってもらいたくて作りました。

子育てって、とにかく忙しい。子どもが産まれてからは想定外の連続だし、
家事を中断しながらこなすのは当たり前。
でも、忙しさを理由に「食」をおろそかにするのはちょっと違う気がしています。
味覚が育つ大切な時期に「素材が持つおいしさ」を
伝えられたら理想だなぁと思うからです。

家族の元気のためにしっかり自分の目で、安全なもの、おいしいものを選んであげる。
料理を作って食べさせる、それ以前のプロセスもママの大切な役目だと思うのです。

子どもが産まれる前まで、ほとんど料理をしてこなかった私は、
今でも得意ではないのですが、おいしいものは大好きです。
でもリーズナブルな価格で食べたい（笑）というのも本音。
だからヘタクソでも自分の手で作りたいと思っています。

手作りだと安上がりなことが多いので、その分素材選びにこだわることができる。
だって素材がよければ、できたものはだいたいおいしいから。
そんな当たり前の感覚を皆さんの食卓でも実現できるように
簡単にできておいしいものを集めました。

そして、食卓が豊かになってくると、
暮らしにかかわるあらゆるものを手作りしたくなるから不思議です。

私が考える〝エコな生活〟は、
自分で選んだものを自分好みにデザインしていくことだと思っています。
自分の手を加えることで、結果的に「食べ切ろう、大切にしよう」と思う。
その小さな行為が環境にやさしい暮らしにつながっていくと信じています。

最後に、数々の実験と失敗を快く笑ってくれた家族と、
私のやりたいことを全て受け入れてくれたＫＡＤＯＫＡＷＡの皆さん、
根気強く取材をして下さったライターの弓削さん、
いつも素敵な判断をして下さったカメラマンの林さん、
デザインの足し算と引き算を教えて下さった文京図案室の芝さん、
皆さまに支えられて本が完成したことをうれしく思います。
本当に、ありがとうございました。

マキ

マキ

東京都在住。3歳と8歳の娘、夫の4人暮らし。シンプルライフ研究家。広告代理店勤務のワーキングマザーでもある。ブログ「エコナセイカツ」では、不要な物は持たない、不要な家事はやらない、日々のシンプルな暮らしぶりを綴り、ほんのちょっと手を加えるだけで、売っている物のほとんどが自宅で簡単に作れるという考えのもと、手作りを基本とするライフスタイル全般を紹介している。月間ブログアクセス数150万PV。前作『持たないていねいな暮らし』（すばる舎）は5万部のヒットとなる。

STAFF
編集　弓削桃代
撮影　林 ひろし
デザイン　芝 晶子（文京図案室）
イラスト　カトウ ミナエ

少しの工夫でおいしい毎日　エコな生活　（検印省略）

2016年4月15日　第1刷発行

著　者　マキ
発行者　川金　正法

発　行　株式会社KADOKAWA
〒102-8177　東京都千代田区富士見2-13-3
0570-002-301（カスタマーサポート・ナビダイヤル）
受付時間 9:00～17:00（土日 祝日 年末年始を除く）
http://www.kadokawa.co.jp/

落丁・乱丁本はご面倒でも、下記KADOKAWA読者係にお送りください。

送料は小社負担でお取り替えいたします。

古書店で購入したものについては、お取り替えできません。

電話049-259-1100（9：00～17：00／土日、祝日、年末年始を除く）

〒354-0041　埼玉県入間郡三芳町藤久保550-1

DTP／ニッタプリントサービス　印刷／暁印刷　製本／ＢＢＣ

ISBN978-4-04-601441-2　C0077